Evadée de Zwodau

11 Novembre 1944

Edition : Books on Demand, 12/14 rond-point des Champs
Elysées, 75008 Paris

Imprimé par Books on Demand GmbH, Allemagne

ISBN : 9782810621859

Photo de couverture : Eté 1942, Janine à Aix les Bains

Maman,

Ceci est ton histoire : une partie de ta vie, celle dont on a coutume de dire que ce sont les plus belles années ! Comme d'autres de ta génération ces années noires t'ont marquée.

Mais tu as eu la grande force de ne jamais en parler : je devais avoir douze ou treize ans quand tu m'as raconté « l'histoire de ton évasion » : tu l'as racontée une fois, c'est tout.

J'ai deux souvenirs d'enfance qui m'ont fait comprendre tes souvenirs.

Enfant, je ne mangeais guère -ce qui faisait ton désespoir- et un jour en rentrant du lycée, j'avais très faim et je t'ai dit « Je suis sûre que tu n'as jamais eu aussi faim que moi », je voulais te faire plaisir ; ta réponse instinctive « Oh ! si ! » m'a ramenée à ta réalité !

Un autre jour à Draguignan, tu voulais m'acheter une robe : celle qui me plaisait était rayée verticalement en bleu ciel et blanc ; tu as refusé, toi pourtant toujours prête à nous gâter et à nous faire plaisir et je ne comprenais pas . Tu m'as expliqué en sortant du magasin ; je m'en suis toujours voulue de n'avoir pas compris toute seule !

Tu nous as appris à faire la différence entre un pays -l'Allemagne-, son peuple et un régime politique. Tu as toujours distingué les Allemands des nazis, tu nous appris l'Europe.

J'ai passé de nombreuses heures à trier dans tous tes papiers d'hier et d'aujourd'hui pour bâtir ce récit pour que tes enfants, petits enfants et arrières petits enfants sachent qui tu étais !

Françoise

Préface

Janine est alsacienne, juive.

Ses parents ont commencé une procédure de divorce début 1939 et pour gagner sa vie, sa mère, Marguerite, a pris en gérance pour l'été 1939 un magasin de laines à Vittel.

Elle a donné satisfaction et on lui a promis pour le 1er septembre 1939 la gérance d'un magasin plus important à Strasbourg. Les enfants, Janine, 17 ans, et Raymond, 15 ans, sont inscrits comme pensionnaires à Mirecourt et à Vesoul. Tout est arrangé pour le retour en Alsace natale…et la guerre éclate.

Marguerite ne rejoindra pas l'Alsace et on lui donnera à gérer un magasin à Aix les Bains.

Janine et Raymond passeront l'hiver 1939-1940 dans leurs pensionnats respectifs, hiver si froid… que l'encre gelait dans les encriers !

Jusqu'à l'ordre d'évacuation…

Dans la débâcle Janine retrouvera son frère et ils rejoindront tous les deux leur mère à Aix les Bains.

Ils participeront tous deux à la session spéciale du Bac en Août 1940 pour les réfugiés.

Puis Janine en septembre 1940 s'inscrira à la Fac d'Histoire à Grenoble. C'est là qu'elle entre dans la Résistance… jusqu'à son arrestation en juillet 1943.

Voilà son histoire de juillet 1943 à mai 1945.

« Celles qui avaient été prises dans une rafle ou à la place d'une autre étaient à plaindre. On les entourait. Pourquoi suis-je là disaient-elles ? C'était terrible. Nous, nous avions un idéal »

Extrait du livre de la FNDIR (Fédération Nationale des Déportés et Internés de la Résistance)
« Jusqu'au bout de la résistance »

Ce document a été rédigé à partir :
d'un rapport écrit par Janine juste après la guerre ,
du journal de Janine écrit à Nuremberg et Heidelberg
de différents documents conservés par Marguerite (sa mère) et Raymond (son frère)
de manuscrits récents (1998-2005) de Janine

Novembre 1995

Les célébrations du cinquantième anniversaire de la libération du camp ont ravivé les souvenirs. Françoise m'a offert il y a deux ans un ensemble de stylos pour que j'écrive « mon histoire » pendant la guerre. Aujourd'hui les souvenirs s'interpénètrent, se chevauchent, se faussent, se brouillent. Je me dois pourtant de laisser un souvenir aux enfants. Je me sers de certains papiers écrits dès la dernière étape de l'évasion, en février mars 1945.

J'ai tendance à les renier car mon fol enthousiasme pour le communisme a fait place à une critique acerbe, je suis de plus en plus démocrate et libérale. Tous les totalitarismes m'indignent. A vingt ans je croyais que je changerai le monde. Aujourd'hui je me rends compte que nous sommes des fétus de paille ballottés par les évènements.

Je viens de lire dans « Dialogue à une voix » de Paul Emile Victor l'histoire suivante : trois officiers américains s'étaient évadés d'un camp allemand. Leur histoire était tellement extraordinaire qu'un journaliste décida de les interviewer quelques années plus tard. L'un parla d'une rivière glacée traversée à la nage, l'autre d'une marche le long de la rivière pour effacer les traces de pas, le troisième (ils étaient interrogés séparément) avait oublié la rivière. Ainsi vont les témoignages mêmes les plus sincères.

La vie nous a séparées, Gaby, Erna et moi . Il serait passionnant de confronter nos souvenirs : ils ne sont sans doute pas les mêmes !

5 juillet 2001
Sereine, confortablement installée sous les frondaisons du jardin, j'ai enfoui au plus profond de moi même mes souvenirs et je n'écris que parce que j'ai promis à Françoise. J'ai une impression de dédoublement : c'est mon histoire et ce n'est pas moi !

J'ai tellement changé : mon patriotisme exacerbé, ma haine des allemands et des systèmes dictatoriaux ont fait place à l'humanisme, à l'européanisme, à la recherche de la compréhension.

Il me reste des années noires le souvenir de la peur, la peur de l'autre, la peur du voisin, l'impression d'être toujours suivie, la recherche par le regard d'une encoignure, d'une cache.

A Saint-Aygulf, quand on acheté le terrain pour l'Harmattan,[1] je me souviens d'avoir regardé les possibilités de fuite. Je me suis dit : il faudra une ouverture près du grillage près du fossé. C'était pourtant 16 ans après !

Aujourd'hui encore, en 2001, quand je ferme le portail le soir, je guette les voitures et je me dis… tu peux encore te cacher si tu te dépêches !

---

[1] Nom de la maison (dans le Var)

Chronologie :

Arrestation : 10 juin 1943

Prison de Lyon : 14 juin 1943 -14 mars 1944

Prison de Chalons sur marne :
16 mars 1944 -1 mai 1944

Camp de Romainville : 2 -12 mai1944

Convoi vers l'Allemagne : 13 -19 mai 1944

Ravensbrück   : 19 mai 1944 -14 juin 1944

Zwodau : 17 juin 1944 - 11 novembre 1944

Nuremberg : 20 novembre1944 - 9 février 1945

Heidelberg : 10 février 1945 -11 avril 1945

Retour en France : 11-17 avril 1945

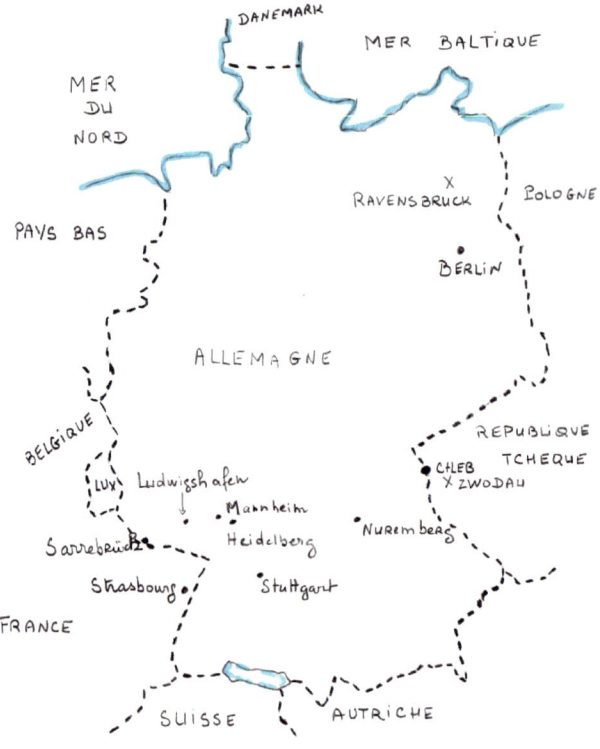

DANEMARK

MER BALTIQUE

MER
DU
NORD

PAYS BAS

X
RAVENSBRUCK

POLOGNE

BERLIN

ALLEMAGNE

BELGIQUE

REPUBLIQUE
TCHEQUE

LUX

Ludwigshafen

CHEB
X ZWODAU

Mannheim

Sarrebrück

Heidelberg

Nuremberg

Strasbourg

Stuttgart

FRANCE

SUISSE

AUTRICHE

50 Km

10

Chapitre 1
L'arrestation

Le 10 juin 1943, je devais porter des papiers à Annemasse.

J'adorais ce genre de mission. Je croyais être d'une utilité extraordinaire. J'étais sûre que mon action contribuerait à l'écroulement du IIIème Reich. Aucune peur, que de l'enthousiasme.

A la gare d'Annemasse, lorsque je voulus prendre le train de retour vers Aix les Bains, des gendarmes contrôlaient les papiers d'identité. La mienne était infamante. Un énorme tampon « JUIF » s'étalait en oblique sur les renseignements habituels. Le gendarme m'apostropha : « Je dois vous arrêter : la ville d'Annemasse est interdite aux juifs. » Je tremblais de peur, d'indignation, de colère. Etre arrêtée non pas glorieusement en mission, mais parce que j'étais juive. Je ne sais plus ce que j'ai dit mais l'homme me laissa reprendre le train.

C'était pire que tout, que j'agisse ou non, le même sort m'attendait. Je n'avais plus qu'une envie : lutter plus fort que jamais.

La nuit fut horrible. Je me réveillais sans cesse, persuadée que j'allais être arrêtée. Prémonition ou retour de l'angoisse ressentie à Annemasse ?
J'aurais du croire à la prémonition.
Le 11 juin 1943, il faisait un temps splendide. Maman avait envie d'aller chez le coiffeur ; elle m'a demandé d'aller tenir le magasin à sa place.
C'est là vers dix heures du matin que deux hommes sont entrés : ils ont présenté leur carte de police. Ma première idée fut de fuir ; mais le magasin n'avait qu'une porte : pas d'issue vers l'arrière et j'avais des chaussures à semelle de bois avec lesquelles il est difficile de courir.
Ils m'interrogent et je déclare être de confession juive, réfugiée en Savoie, étudiante à Grenoble. C'est à la faculté qu'un jeune homme m'a demandé de garder un paquet dont, je dis, ignorer le contenu et m'indigner qu'il s'agisse de tracts communistes !
Le procès verbal de la perquisition liste l'ensemble des tracts en ma possession ce jour là : documents qui ont été saisis, placés sous scellés pour servir de pièces à conviction.
Néanmoins, je suis arrêtée « pour détention de tracts ».

Je griffonne quelques mots :
« Ma chère Maman, j'ai bien regretté de ne plus t'avoir vue. Il ne m'arrivera rien de mal. Je suis arrêtée parce qu'un type que je ne connais pas de Lyon avait mon nom sur son carnet. Envoie les chaussures à Mimi et écris lui 63 Bd Gambetta. Ecris à Raymond. Je serai sûrement libérée

bientôt puisque je n'ai rien fait. Je t'écrirai pour te dire ce qui me manque. Je vais à Lyon, je tacherai de voir Raymond. Je t'en supplie, ne te fais pas de souci. Je t'embrasse fort, fort, fort. »

Chapitre 2
La prison de Lyon

Maison centrale de Lyon-
Prison Saint Joseph, 12 Quai Perrache
La vie quotidienne de la prison

En juin 1943, nous étions trois « politiques » seulement et notre régime a été celui des prévenues de droit commun.

Lever à six heures et toilette difficile car il n'existait que deux robinets par dortoir de quarante femmes.

Distribution d'un liquide chaud au choix café ou bouillon.

De sept heures à midi : obligation de rester dans une salle, assez vaste, meublée de tables et de bancs, appelée salle de prévention où il était interdit de coudre ou de tricoter mais où il était possible de lire, d'écrire, de bavarder. Il était possible également de profiter de la cour de dix heures à onze heures.

Le repas de midi était fort maigre, certes et distribué en gamelles, mais il était possible d'avoir une gamelle personnelle et même de faire venir un « panier » pour lequel un restaurant était habilité. Il n'était pas possible de faire entrer quelques victuailles supplémentaires par ce biais.

L'après midi était identique au matin et le coucher avait lieu à dix neuf heures en dortoir, mais chaque détenue avait un lit (paillasse sur planches).

C'était donc un régime tout à fait supportable ; on avait à peine plus faim qu'à l'extérieur et une vie intellectuelle était possible.

Ce qui était tout nouveau, c'était le contact avec la population carcérale : prostituées dont les histoires m'ahurissaient, « faiseuses d'anges » si réprimées à cette époque, petites trafiquantes de marché noir, des jeunes, des vieilles, des femmes enceintes. Il y avait une « nursery » à la prison.

Un jour, une prostituée me demande d'écrire le brouillon d'une lettre destinée à son avocat ; à la lecture, elle s'écrie : « C'est bien, que tu es intelligente ! ». Comme une sotte, je me rengorge et elle continue : « Toi c'est la tête qui est intelligente, moi c'est le cul ! »

Si le régime de la prévention permettait à la surveillante-chef (Madame Rivat, personne fort bonne et visiblement sympathisante à la Résistance) et aux autres surveillantes de faire quelques entorses au règlement, il n'en était plus de même après la condamnation. La mienne eût lieu le 2 novembre 1943.

Travail obligatoire : celui-ci n'était guère fatiguant et consistait à faire des petits sacs en papier.

Après la condamnation, le port de la tenue réglementaire (robe de bure et petit foulard à carreaux bleus et blancs) était obligatoire ; la cour n'était accessible que pour une promenade en rond, les mains derrière le dos. Cependant, comme durant la prévention, on avait droit à une douche chaude par semaine et la possibilité d'aller à la messe, le dimanche, à la chapelle de la prison.

Un médecin passait tous les matins et des soins étaient donnés dans une infirmerie. Un dentiste venait toutes les semaines. Ces deux derniers n'ont jamais manifesté ni sympathie ni hostilité aux politiques.

Un parloir (parloir habituel avec grillages et présence d'une surveillante) était autorisé tous les quinze jours.

En août le nombre de politiques avait augmenté ; dès septembre, nous étions une quinzaine. C'est Suzanne Cagé, dirigeante communiste, qui entreprit les démarches auprès de la direction de la prison afin d'obtenir le « régime politique ».

Du mois de novembre au mois de mars 1944 (nous étions toutes condamnées à des peines diverses) nous avons joui d'un régime de faveur grâce à la surveillante-chef et à quelques autres surveillantes. Une salle, assez grande, (quinze lits, deux tables, quatre bancs, un poêle, et trois robinets) nous était réservée.

Non astreintes au travail, de par notre statut de politique, autorisées à recevoir des livres et à écrire, nous avons organisé des cours et mené une vie intéressante.

Le jugement : 2 novembre 1943

« Les jugements sont de véritables infamies. On a le cœur soulevé de haine, je serai terrible en sortant. Les juges n'écoutent même pas les avocats et on est condamné sans preuve ni aveu. En cas d'acquittement c'est le camp de concentration irrémédiablement.

Je serai vraisemblablement fortement condamnée ; ne vous désolez pas, la guerre sera bientôt finie. En plus j'aurai sûrement une forte amende. Il faudra me renier mais ne payer sous aucun prétexte. Ne vous désolez pas, personne ne peut rien faire. Il ne faut rien donner à Klaps, il est moyen et ne peut rien. Je connais maintenant le bureau de Lyon. Pélissard ne sera pas plus mauvais. On est au courant des nouvelles très vite, je crois, quelques heures. Ne répondez sous aucun prétexte dans une lettre ouverte à ceci. Dites que vous avez réparé ma robe. N'écrivez ainsi qu'en cas d'extrême nécessité et avec des précautions infinies. Il y a beaucoup de risques. Le jugement -si je passe avant la fin de la guerre- sera à huis clos. Que Benoît[2] ne vienne sous aucun prétexte. Je me défendrai le mieux que je pourrai. En cas de chocolat, faites le parvenir

---

[2] Benoît, c'est Raymond, en hébreu Baruch

comme le confit – dans du papier : c'est interdit ici. Courage. Nous vaincrons. Que personne ne vienne pour le jugement dont j'ignore tout »
document non daté, passé en fraude en dehors de toute censure

Le jugement eut bien lieu à huis clos devant la section spéciale de la Cour d'Appel de Lyon, « attendu que les débats publics peuvent être dangereux pour l'ordre public ».
Le motif invoqué fût « la détention de mauvaise foi en vue de la distribution, de l'offre ou de l'exposition des écrits et matériels de diffusion tendant à propager les mots d'ordre de la Troisième Internationale…toutes infractions connexes et commises pour favoriser le terrorisme, le communisme, ou la subversion sociale, prévues et réprimées par le décret du 26 septembre 1939, article 460 du code pénal et loi du 5 juin 1943 »…. « en réparation de quoi condamne Bollack Jeannine à la peine de un an d'emprisonnement et cinq mille francs d'amende. »
Maître Pélissard fut effectivement l'avocat de Janine.

C'est en mars 1944 qu'un ordre venu du gouvernement Pétain vidait toutes les prisons de la zone Sud de ses prisonniers politiques.
Nous devions remonter vers la zone Nord. La destination des prisons de femmes était la cellulaire de Châlons sur Marne.

Après un passage au greffe de la prison de Lyon, nos vêtements civils nous furent rendus ainsi que nos petits objets personnels : montres, alliances, bagues, chapelets.

Chapitre 3
De la prison de Lyon à celle de Chalons

14 - 16 mars 1944 : départ pour la zone nord
Voyage effectué, sous la garde de miliciens et de
quelques gendarmes, en wagon cellulaire dans
des conditions pénibles : enchaînée deux à deux
les menottes ne nous pas été enlevées pendant les
trente heures du transfert, même pour aller aux
toilettes.

Chapitre 4
La prison de Chalons sur Marne

C'était un lieu d'horreur sentant le linge sale et la soupe rance.

C'est vers vingt trois heures que nous y sommes entrées, poussées par des miliciens brutaux, harassées, les poignets meurtris par trente heures de menottes, accueillies par le directeur de la prison cellulaire. Il a fallu écouter des extraits du règlement : « les colis sont interdits ; une lettre par mois par un seul membre de la famille ; droit à un colis de linge par mois »

La peur, le froid (la prison n'était pas chauffée !) la fatigue nous étreignent et c'est presque soulagées que nous entrons dans nos cellules avec une seule envie : dormir !
Nous sommes sept par cellules, entassées, sur des paillasses : une tinette qui sent et un robinet qui goutte. Comment dormir ? Comment chasser l'angoisse ? Comment brider l'imagination dans cette nuit glacée du 16 mars 1944 ?

Dès le lendemain on prend contact avec la dure réalité quotidienne.
Régime de famine ou à peu près : à sept heures un quart de bouillon, à dix heures une demi boule de pain, à midi et le soir une « gamelle », c'est à dire une soupe de rutabaga.

Une demi heure de cour par jour en principe, mais de nombreux jours « sans cour ».

Les journées s'étirent sans livres, sans papiers, sans crayons, et avec des fouilles quasi journalières.

Heureusement il y a les échanges verbaux. On essaie de se souvenir des poèmes, des chansons. Je me souviens d'une compagne qui chantait merveilleusement la chanson de Joséphine Baker « J'ai deux amours, mon pays et Paris ». Je me souviens d'une autre qui savait raconter des blagues. On faisait semblant de s'inviter et on inventait des menus, des plats extraordinaires. On délirait sur des recettes imaginaires !

Les nuits restent affolantes. Toutes les trois minutes une lumière parcourt la cellule : elle vient du haut du mur, descend s'élargit, et repart brusquement. En effet les projecteurs balaient les murs extérieurs, les barreaux de la petite fenêtre semblent me narguer et j'entends le pas des sentinelles sur le mur de ronde. J'ai l'impression d'étouffer ; j'ai envie de crier de me débattre, je voudrais courir sur une route qui ne se terminerait jamais…la vie à sept dans une cellule de trois mètres cinquante de long sur environ deux mètres de large, n'est pas facile. Certes l'idéal politique reste chevillé au corps mais chacune pense à sa famille, surtout les femmes mariées dont le mari a souvent été arrêté et les enfants éparpillés chez des parents ou des amis.

Une fois par semaine c'est la douche. Un jour on voit sortir les hommes, hâves, maigres. Un soldat allemand les précède, un autre les suit, revolver au poing. Les cris sont gutturaux : *« los ! schnell ! »*

Dans la cellule la vie est de plus en plus difficile. Qui dira l'horreur des tinettes ? La honte, l'humiliation…Un seul réconfort : pouvoir regarder le ciel à travers la fenêtre. Les privilégiées sont celles qui ont les lits supérieurs…mais dans la journée on grimpe à tour de rôle.

Les lettres de nos familles nous étaient distribuées selon le bon plaisir du Sieur Granet- maître des lieux- et souvent déchirées sous nos yeux sous le fallacieux prétexte d'informations politiques qu'auraient données nos correspondants. Les colis de la Croix Rouge parvenaient à l'intérieur de la prison mais pas jusqu'aux détenues.

Un jour ce fut la visite médicale : distraction suprême ! On entre une à une : « Etes vous malade ? Etes vous enceinte ? » Non….à la suivante.

Heureusement, il y a la poésie et Nicole nous récite Aragon : « Ils ont la force et nous sommes le nombre, on aura beau rendre la nuit plus sombre, un prisonnier peut faire une chanson. ».

Et dans cette horreur, avec des difficultés inouïes pour se procurer du papier, de l'encre : un journal est fabriqué : il s'appelle « Connaître ». On y trouve un article sur Diderot, et un autre sur Robespierre, des mots croisés, un conte de partisans, des nouvelles de la prison et des nouvelles de l'extérieur.

C'est par des ficelles, d'une fenêtre à l'autre, que les papiers circulent. Maintenant nous connaissons le nom des camarades communistes qui sont à l'étage supérieur : leurs maris ou leurs frères ont été fusillés. Le courrier passe entre deux balayages des projecteurs.

Certes il y a des heures d'enthousiasme pour la confection du minuscule journal, mais il y a aussi les heurts, les remarques cinglantes entre nous, les amitiés qui se délitent, les divergences d'éducation qui nous jettent les unes contre les autres.

La nouvelle de notre libération le 1er Mai (des bruits d'amnistie couraient derrière les murs de la prison) fut accueillie avec un scepticisme tout relatif. Candides, nous ne voulions pas croire que des Français nous livreraient aux Allemands sans autre forme de procès. La levée d'écrou signée, tous nos vêtements, bijoux ou argent nous furent rendus.

Lorsque les grilles de la porte extérieure de la prison s'ouvrirent, d'énormes camions nous attendaient, des soldats allemands armés de mitraillettes aussi….

Chapitre 5
Le camp de Romainville

Après la prison de Chalons sur Marne, le camp de Romainville m'est apparu comme une oasis après les jours longs et désagréables du régime de prison cellulaire.

Finis les entassements dans une cellule, finies les visions à travers les barreaux d'une autre prison : celle des hommes.

A vingt ans, je rêvais d'amour dans les prés fleuris comme il y en avait aux alentours d'Aix les Bains et je ne voyais que grisaille, barreaux, qui coupent ou quadrillent l'horizon.

A Romainville, on couchait dans d'immenses « bunker » assez sombres -à cent dans le bunker avec une seule douche- mais le jour on pouvait s'asseoir sur l'herbe qui entourait les forts. Nous recevions deux fois par jour (et c'est sans doute la raison du mirage) une soupe assez épaisse.

On en venait à envisager la déportation que nous savions inéluctable comme moins terrible. Celles qui parlaient l'allemand étaient réquisitionnées pour toutes sortes de corvées. Et si l'on était encore terriblement prisonnières, il n'y avait plus cette sensation d'étouffement qui suintait des murs de Chalons. Les toits de Paris étaient visibles au loin et chacune tout bas croyait au miracle.

12 mai 1944

Ils nous ont prévenues hier, comptées, recomptées, examinées. C'est la déportation. Pour une fois les colis de la Croix Rouge ont été autorisés : pâte de figues, galettes au sucre de raisin. En principe des provisions pour la route : mais quelle sera la route ?

Lever à quatre heures, nous emportons nos effets et les couvertures personnelles qui ont recouvert les paillasses de tant de prisons déjà…

Nous écrivons nos noms sur les lits ; je me souviens : arrivée 2 mai 1944, déportée 12 mai 1944 !

Alfred (soldat autrichien avec lequel j'avais réussi à parler) vient ouvrir la grille du bunker. Il nous regarde avec émotion. Il y a certainement dans le cœur de cet homme un vague sentiment de compassion ; il sait malgré tout que ce sont des crimes auxquels il participe.

Dans la grande cour de Romainville, les « 600 » du « transport » entonnèrent « Ce n'est qu'un au revoir mes frères ». C'étaient six cent voix unies, émues.

Des cars doivent nous emmener jusqu'à la gare de Pantin. Nous ignorons où nous allons. Un des allemands a dit hier « Compiègne », un autre a murmuré « Schirmeck »; c'est sûrement l'Allemagne…On a décidé de ne pas manifester. Pas de provocations ; éviter à tout prix les mitraillages.

Chapitre 6
Convoi vers l'Allemagne

Arrivée en gare de Pantin très loin sur des voies de garages : les cars roulent jusque sur les quais.

Des wagons à chevaux…les portes grandes ouvertes, la petite lucarne de chaque coté du wagon fermée avec des barbelés….On parlait des déportations des juifs, des déportations de femmes, il s'agissait de wagons plombés, toutes les camarades savent… « ça doit être les fameux wagons »

Hurlements, vociférations, jurons ! Les soldats allemands aidés de miliciens Français nous poussent à l'intérieur ; ils nous comptent comme le bétail à l'abattoir, crient, vocifèrent puis les miliciens hurlent en argot « plus vite gonzesses ». Etre traitées ainsi par des gens qu'on « descendrait » comme des chiens...

On entre toutes dans le wagon, nous sommes debout, il n'y a plus aucun espace vide, collées les unes aux autres ne disant rien ; bétail apparemment passif mais debout l'esprit n'est pas mort. Qu'ils nous bafouent, nous nous rappellerons ; qu'ils nous maltraitent on n'oubliera jamais ; qu'ils nous injurient, l'esprit de vengeance est né, notre cœur connaît la haine…[3]

Nous sommes soixante à soixante cinq par wagons ; nous avons su après qu'il y avait des privilégiées du hasard : elles étaient quarante cinq.

On essaie de s'organiser ; ils viennent encore une fois nous voir, exigent papier, crayon, stylo, profèrent des menaces de fouille, de punitions exemplaires. Comment auraient-ils pu nous fouiller ? Nous n'étions qu'un amoncellement de corps enchevêtrés. Les portes du wagon se ferment. On entend un cliquetis, le wagon est transformé en prison, cadenassé, plombé.

La propagande de Romainville est terminée : l'Allemagne nazie se livre à des déportations d'esclaves.

Le wagon est nu absolument. Pas de paille, dans un coin, un seau, un seau tout petit. Les colis sont casés sur les côtés de la cage. On s'installe, on fera des relèves. On pouvait s'asseoir en écartant les jambes, la seconde mettant ses fesses entre les cuisses de la première, la troisième dans celle de

---

[3] Ces propos tenus juste après guerre ne reflètent pas ce qu'a été notre mère : elle ne fut jamais habitée par un esprit de haine ou de vengeance : ses trois enfants ont été germanophiles, ont accueilli des allemands à la maison et je me souviens qu'au père de la jeune allemande que nous recevions à la maison et qui croyait nécessaire de nous expliquer qu'il avait fait la guerre sur le front russe et jamais en France, elle ne dit jamais qu'elle avait été déportée.

la seconde mais ce n'était pas tenable très longtemps.

Le moral ne perd pas ses droits ; jamais nous n'oublions qui nous sommes. L'âme de la France est en nous, contre eux ; malgré tout, nous chantons. Vous ne l'aurez pas notre pays ; les larmes de nos mères pèseront lourd un jour sur vos épaules criminelles.

La chaleur est insupportable. Le soleil de mai inonde de ses rayons la toiture de fer du wagon, et le vase clos dans lequel nous sommes entassés monte peu à peu à une température à laquelle on ne peut résister.
Au départ de Romainville, nous avons chanté « Ce n'est qu'un au revoir ». Nous étions très émues. Quand le train s'est ébranlé, on a voulu recommencer mais les voix étaient hésitantes, les paroles entrechoquées.

Les chants ont depuis longtemps cessé, personne ne parle.
La soif est insurmontable mais l'esprit du maquis, l'esprit de la France libre ne perd pas ses droits. Nous allons manifester et alors toutes - du moins celles qui pouvaient- nous crions : « à boire, de l'eau » ; la soif nous donne une voix extraordinaire, c'est avec une énergie rageuse que nous réclamons de l'eau.
La réponse allemande ne tarde pas à se faire attendre. Les S.S. italiens en général, postés à chaque extrémité du wagon actionnent leurs

mitraillettes. Au crépitement des balles, nous nous taisons. Il faut éviter des accidents à tout prix.

C'est de nouveau l'angoisse, la peur au ventre. Il n'y a pas eu une parole de découragement. La lutte du dehors est finie ; ils nous emmènent loin de notre pays, nous serons des otages en exil. Mais l'esprit de lutte n'est pas éteint ; nous savons maintenant : nous allons lutter contre la mort ; ils veulent nous faire mourir par la souffrance et les privations ; nous lutterons avec toute notre énergie et notre volonté, nous vivrons. Nous jurons de vivre malgré tout, nous reviendrons, nous reviendrons bâtir la grandeur de notre pays. Il est nôtre, nous sommes ses enfants, qu'ils nous déportent maintenant, nous n'oublierons jamais…

Le soir tombait, et dans la nuit mauve de l'Ile de France, le train des déportées quittait Paris.

J'ai su plus tard que notre convoi était de six cent. Les prisons de Chalons, Rennes, La Roquette (Paris) avaient été vidées : il y avait une grand'mère de soixante six ans et quatre vingt « J3 » c'est à dire les jeunes de quatorze à vingt et un ans.

Le voyage a duré six jours, mais je ne sais plus, peut être un peu moins. Il défile maintenant devant mes yeux une série d'images mais on a tant souffert qu'il est à peu près impossible de les retracer chronologiquement.

Des femmes dans toutes les positions, couchées, assises, accroupies ; le roulement lent et bruyant des roues et la soif, l'horrible soif. On parlait à peine, à chaque ouverture une copine s'installait et répétait sans arrêt, sans finir jamais « Bitte Wasser ».

Nous en étions là : demander de l'eau à nos geôliers nazis…

Parfois dans la nuit un des soldats, plus humain , se laissait fléchir et nous apportait sa gourde. C'était horrible. Je ne croyais pas que l'homme perdait sa dignité aussi facilement. Les bras se tendaient vers l'unique gourde, on retrouvait la force de se presser, on voulait l'eau. Certaines oubliaient les malades, les évanouies, les hémorragies. C'était la bête humaine, martyrisée dans ses instincts, qui se révoltait, hurlait. Les plus conscientes ont essayé d'organiser la distribution d'eau. Wagon divisé en quatre on a eu une gourde pour chaque quart.

Le corps semblait pesant. Seule la gorge restait témoin de notre existence : on sentait un picotement agaçant et l'agacement s'exaspérait d'heure en heure ; l'échauffement vous faisait passer peu à peu de l'état moral à celui de fou. On croyait redevenir petit enfant ; je m'entendais appeler « Maman, donne moi à boire ». Je n'ai certainement jamais rien dit, mais en moi j'appelais « Maman, j'ai soif, j'ai soif ». On avait si soif qu'on a pas touché tout de suite aux colis de la Croix Rouge.

Par moments, c'était moins dur ; au fur et à mesure que l'on se dirigeait vers l'est, la température fraîchissait et on sortait de sa torpeur. « Il était temps » dit Suzanne, « on serait toutes mortes ». Je ne sais pas…

Toutes les copines étaient à moitié nues, pleines de saleté, de sueur, les cheveux collés : on faisait pourtant un effort pour rester dignes. On n'a jamais oublié.

Le seau était plein, il avait débordé dans un tournant ; la puanteur dépasse l'imagination, des camarades avaient vomi. Maintenant on faisait nos besoins dans une petite boite de conserves et on la versait soit par la fente de la porte soit par la fenêtre. Ce n'était que le début : il fallait à tout prix rester nous mêmes, nous devions être les femmes de France, même dans les porcheries des wagons de déportation.

J'avais réussi à planquer un petit canif de fortune : ancienne baleine de corset aiguisée sur les escaliers de la prison Saint Joseph. C'était un exploit après tant de fouilles. Pendant une journée entière, j'ai taillé une fente dans le bois du wagon, je voulais voir dehors, je suis arrivée à creuser un petit trou où coller mon oeil ; dehors c'était beau certainement, le printemps s'épanouissait malgré la guerre. Il ne fallait plus regarder le wagon, les camarades pâles et fiévreuses, il fallait s'imaginer voyager, regarder comme si l'on était en auto. On a été longtemps en prison, pendant des mois on a vu des murs gris et des sentinelles, alors maintenant on pouvait voir du vert quand même ! On se relayait à la lucarne mais moi j'avais ma fenêtre. J'ai vu la douceur lorraine, la Moselle coulait dans les prairies vertes.

A Neubourg, à l'ancienne frontière on s'est arrêté. On sent plus cruellement que jamais qu'ils nous ont pris l'Alsace-Lorraine. Les copines disent « Maintenant on passe la frontière ».
Non ce n'est pas vrai, la frontière n'est pas ici, la frontière est au Rhin.
Ici c'est toujours la France, la France qu'ils ont volée, la France, qu'ils ont voulue, celle qu'ils n'auront jamais.
On change les sentinelles, les soldats allemands viennent relayer les soldats de l'armée d'occupation qui convoyaient le transport jusqu'alors. Mais ce n'est pas la frontière, il y a des forêts noires de sapins, il y a des grès roses, qui trouent le vert des prairies, il y a toutes les couleurs de l'Alsace Lorraine.
1939, on évacuait Strasbourg…1940 ils nous prenaient notre pays. Quatre ans après ils y sont encore, mais nous avons lutté, nous lutterons toujours et nous repasserons, nous reviendrons. C'est en vainqueur que nous rentrerons dans nos provinces. On parle maintenant, on fait des projets magnifiques pour le retour. On ne passera sûrement pas l'hiver, le débarquement va avoir lieu, on reviendra, on a de la chance, l'été ne sera pas trop dur.
« Quand on pense aux pauvres copines qui sont à Auschwitz depuis janvier l'année dernière ! »
« Est-ce que nous allons à Auschwitz, nous aussi ? »

« Tais toi on n'en sait rien, pour le moment on parle du retour. »
Par ces propos échangés, j'ai entendu parler d'Auschwitz pour la première fois.

On la reverra la France, et alors elle sera libre, tu verras comme ce sera beau. Vous savez c'est par la gare de l'Est qu'on arrivera : il y aura une vraie réception. Tu crois ? Mais oui avec des fleurs, de la musique, tout le monde chantera la Marseillaise, on la chantera vraiment, officiellement cette fois. Certaines copines ont des larmes aux yeux, on pense déjà à revenir. On discute toujours. Je ne peux pas m'empêcher de placer ma cathédrale de Strasbourg avant la gare de l'Est. De toute façon, il y aura une halte à Strasbourg, les gens viendront sur le quai, ils nous apporteront des fleurs, du vin, vous verrez… « Oui, oui il sera temps qu'elle montre ce qu'elle est capable de faire ton Alsace… ! ».

Le train repart, nous roulons à travers l'Allemagne. On a l'impression que certaines camarades ne tiendront pas jusqu'au bout. Claude est assise dans un coin, son hémorragie dentaire n'a pas cessé depuis Paris. Ses yeux sont immenses, ses pommettes rouges de fièvre, elle ne sait plus très bien ce qu'elle dit mais tout le temps elle répète « oh ça va, ça va »
La petite qui a une jambe artificielle a enlevé sa jambe, elle regarde « Mais que veulent ils faire de moi ? Je ne peux pas travailler ; peut-être vais-je

retrouver maman, elle a déjà été déportée le mois dernier »

Forbach, Saarbrück….   Maintenant c'est l'Allemagne. Une nuit presque entière sur les voies de garage. On a demandé en vain de l'eau. Beaucoup de camarades s'efforcent de dormir, elles ne bougent pas, je reste à la fenêtre en ouvrant la bouche. Peut-être l'air de la nuit calmera cette soif intense.
L'Allemagne n'est donc pas encore détruite ? Saarbrück semble vivre normalement : lumières, bruits des moteurs.
Le lendemain, Kaiserlautern, petite ville industrielle. On est stupéfaites : pas une maison détruite, toutes les usines noircissent le ciel de leur fumée.
« Alors c'est ça les bombardements ? »
Où est l'Allemagne anéantie de Radio Londres ?

Le train roule : Ludwigshafen.
Des hurlements de joie : les rues, le long de la voie ferrée, sont en ruines, des pans de murs noircis, calcinés, d'énormes tas de gravats, on devine qu'un immeuble a du se trouver là.
On est heureuses : c'est quand même vrai ces bombardements terribles !
Aujourd'hui j'ai honte de cette joie féroce. Les destructions me font mal, que ce soient les images de Berlin en 1945, celles de Stalingrad ou celles de Kaboul. Elles sont toutes le symbole du mal.

C'est ici que nous allons franchir le Rhin. Mon cœur me fait si mal : le fleuve a toujours été pour moi la frontière. Quand on était jeune et qu'on s'y baignait, on disait toujours : il ne faut pas braver ses flots, là-bas c'est l'Allemagne ! On voyait flotter le drapeau étranger sur l'autre rive, et de notre coté du pont de Kehl les trois couleurs claquaient au vent. Maintenant ils nous le font franchir de force. Toutes les camarades contemplent le fleuve majestueux, sauf celles qui n'ont plus la force de se lever.

De l'autre coté du fleuve, Mannheim. Des exclamations bruyantes : regarde là, non là, tout est détruit, ici aussi et là, tu n'as pas vu de ce coté …Nos visages rayonnent, il fait moins chaud,.

Et la pluie s'est enfin mise à tomber ! On a tendu nos quarts dehors, au bout d'une heure environ ils étaient à moitié plein. Puis l'eau s'est mise à dégouliner de la toiture à grosses gouttes et alors on a bu avidement, la gorgée de pluie. Le corps semble revivre, on sent l'eau descendre, la folie nous quitter, on devient légère. La pluie qui tombe, la soif qui s'apaise, certaines camarades ont encore de l'eau de Cologne, on peut faire un semblant de toilette. On est redevenues humaines. La confiance est plus grande que jamais ; mais la faim s'est faite plus lancinante, plus torturante.

Le train file vers le Nord à travers la Thuringe. Le pays vient d'être lavé. A la lucarne, on peut sentir la terre mouillée.

A Berlin, la porte fut ouverte et ordre fut donné d'aller vider l'affreuse tinette. La corvée fut chargée par la même occasion de nettoyer les « Aborte »[4] de la gare de triage et les bottes de ces messieurs. Des heures et des heures d'attente, portes refermées bien sûr.

Après Berlin, malgré le printemps, le paysage devenait plus triste, et l'angoisse s'accentuait avec les mauvaises conditions de voyage.

---

[4] « Toilettes » en allemand

Chapitre 7
Ravensbrück

Hurlements, vociférations, aboiements à l'ouverture des portes : les malades, les moribondes soutenues tant bien que mal par les autres, toutes avançaient.

Ordre fut donné de marcher par rang de cinq.

Et la longue, lugubre marche dans la nuit commença.

Nous étions déjà au bord de l'épouvante. Brutalement à un détour, une lumière intense, aveuglante : la porte -un portique plutôt- était immense ; une barre de fer était levée et des soldats montaient la garde. Des femmes, vêtues de gris, accompagnées d'énormes chiens regardaient pénétrer le cortège dans l'enceinte de Ravensbrück.

Le silence était total.

Nous étions en dehors de la notion du temps et c'est inconsciemment que nous gardions contre nous ce qui avait survécu aux mois de prison et à l'horrible voyage.

Intégrée dans le portique, une énorme inscription : « Arbeit macht frei », je traduis pour mes voisines : « Le travail rend libre ». Quelle cruelle dérision !

Le reste de la nuit nous l'avons passé debout sur la place près de l'entrée du camp.

Les évanouissements se succédaient, les chuchotements étaient à peine audibles, l'épouvante régnait.

A l'aube, la sirène de quatre heures nous a semblé une délivrance : elle était pourtant le symbole horrible d'une nouvelle journée de travail.

Au bout d'un certain temps nous vîmes un lamentable troupeau de femmes maigres, perdues dans d'informes habits rayés, défiler en chantant. Certaines avaient des outils -pelles, pioches-sur l'épaule ; certaines nous faisaient signe de manger : cette main qui allait vers la bouche signifiait-elle « nous avons faim » ou « s'il vous reste des provisions, mangez-les ».

La fatigue a été plus forte que la détresse : je sentais mes jambes qui flageolaient, mes mains moites de sueur, ma vue se brouillait. Je me souvenais avoir lu dans les récits de la guerre de 14, le fait que les soldats dormaient debout dans les tranchées. Je me sentais l'un de ces soldats, je vacillais, je suis tombée.

Relevée, la brume s'est dissipée et je vivais à nouveau dans l'horreur.

Les Aufseherinen -surveillantes- vêtues d'une ample jupe grise, d'une veste longue du même tissu -le sigle S.S. brodé sur le revers- bottées et armées d'un fouet à une seule lanière de caoutchouc, poussaient des cris brefs et rauques.

Les ordres furent donnés en allemand : il fallait se déshabiller, abandonner chaussures et vêtements, entrer nues dans une salle de douches.

Des bruits avaient circulé sur l'existence de chambres à gaz.

Peur, honte, humiliation d'être livrée nue aux regards des autres. Alors commencèrent les interminables opérations d'arrivée : déclinaison d'identité échangée contre un numéro d'immatriculation (le mien était 39070), épouillage mais toutes ne furent pas rasées. Par contre fouille vaginale pour toutes, remise des alliances, des derniers bijoux, des chapelets.

Les surveillantes étaient peu nombreuses et des détenues faisaient la plupart des opérations ; elles portaient toutes un triangle d'étoffe sur la robe rayée : triangle rouge pour les politiques (la première lettre du pays d'origine y figurait également, nous avions donc sur notre triangle rouge le F de France), triangle vert pour les « droit commun », triangle noir des « asociales », triangle violet pour les témoins de Jéhovah, rose pour les lesbiennes ou les prostituées. Parmi ces détenues, il y avait une Française -Martha Desrumaux- elle fut la première à nous parler du camp.

Après avoir abandonné notre personnalité, nous pouvions entrer de plein pied -en rayé- dans la vie concentrationnaire.

La quarantaine au block 26

L'entassement semble être la loi.

Le block comprenait deux dortoirs : longues rangées de couchettes superposées à trois étages ; nous couchions à deux par couchettes ; en se plaçant tête bêche on aurait peut-être pu dormir, s'il n'y avait eu une épouvantable vermine. Deux variétés : les puces et les punaises. Les puces étaient particulièrement agressives : la peau enflait, se boursouflait et les démangeaisons très irritantes.

Quatre heures du matin : sirène de l'appel.

Deux heures d'appel devant le Block.

Les « Aufseherinnen » - appelées tout naturellement les corbeaux, Ravensbrück signifiant pont aux corbeaux- nous comptaient rapidement à six heures.

Après cela interdiction absolue de retourner dans les dortoirs (rondes fréquentes) et ce fut l'entassement tout le jour jusqu'à l'appel du soir dans deux absurdes pièces du Block où il n'était pas possible de nous asseoir toutes en même temps. Un « Waschraum »[5] -deux auges à six robinets- n'était accessible qu'une demi heure par jour.

La lente torture de la faim commençait : deux soupes par jour, mais c'était de l'eau avec des rutabagas ou des navets ou des choux ou des légumes déshydratés. Un quart de boule de pain par jour (environ deux cent cinquante grammes)

---

[5] salle d'eau

et une cuillérée de confiture, cinq grammes de margarine et une tranche de saucisson par semaine !

Malgré l'interdit, des anciennes sont parvenues à nous parler de la vie au camp qu'elles considéraient comme un Eden à côté d'Auschwitz. Elles nous recommandèrent de ne pas se faire porter malade afin d'éviter à tout prix les « Schwartz Transport » - transports noirs - vers les chambres à gaz ; en Mai 1944 il n'y avait pas encore de chambre à gaz à Ravensbrück.

Une première visite médicale me fût assez défavorable : des jambes infectées par les innombrables piqûres de poux et puces me firent traiter de galeuse et je fus envoyée à la « désinfection » : cette douche réservée aux « galeuses » du camp allait être pour moi une vision dantesque : c'était un spectacle hideux de corps déformés, de jambes purulentes, de ventres gonflés sous des poitrines desséchées ; nous étions dix par pommeau de douche, les pieds baignaient dans le pus ; mais ce qui était le plus effrayant, c'était le regard de toutes ces femmes. Regards de bêtes traquées, battues : c'est ainsi que nous allions devenir…C'est là que j'ai vu de nombreuses tziganes entourées d'enfants au regard désespéré.

A la fin de la quarantaine -en fait 30 jours- eut lieu une visite médicale de sélection pour l'envoi des commandos de travail. Alors commencèrent les longues stations durant des heures, serrées nues les unes contre les autres sous l'œil narquois des surveillantes. La visite médicale elle-même était fort rapide : simple regard du maître sur l'esclave !

Deux cents d'entre nous furent choisies afin de former un convoi pour Zwodau. J'en fus !

Chapitre 8
Zwodau

Le convoi de Ravensbrück à Zwodau
(14-17 juin 1944)

Deux cents « Stücke » (c'est à dire pièces : ce que nous étions dans le langage de la S.S.) furent parquées dans trois wagons.

Le voyage fut moins terrible que celui de la déportation : les portes coulissantes restèrent en effet ouvertes et deux surveillantes et deux soldats armés restèrent dans les mêmes wagons. A part les injures vociférées à propos de tout et de rien, les quelques gifles distribuées à celles qui avaient la malchance d'être trop près de nos gardiens (ils avaient délimité leur aire et étaient fort à leur aise), le voyage fut calme parce que nos gardiens passaient leur temps à s'embrasser et à manger….

Aucune nourriture ne fut distribuée en cours de route ; au départ de Ravensbrück nous avions touché une demi boule de pain (environ cinq cent grammes), quinze grammes de margarine, une tranche de saucisson pour trois jours….

Le camp

Le camp de Zwodau est à 4 km de Falkenau (actuellement Falknov), à 20 km d'Eger, à 20 km de Marienbad.

Le kommando de Zwodau avait à peine quelques mois en Juin 1944 (je suis cependant incapable de préciser la date exacte de sa fondation).

Situé sur une éminence à moins d'un kilomètre d'une usine Siemens dont il allait être le pourvoyeur, il était facile de contempler le paysage du pays des Sudètes à travers les barbelés électrifiés du camp.

En juin 1944, six miradors, occupés par des soldats (et non des S.S.), plus ou moins visiblement mutilés, suffisaient à surveiller les trois blocks des détenues, celui du Revier (infirmerie) et de la Küche (cuisine). A la sortie du camp se trouvaient les blocks des S.S. extérieurement semblables aux nôtres mais fort confortablement installés au dire des détenues polonaises ou allemandes de corvée de ménage dans les dits blocks.

En juin 1944, le personnel du camp était composé de celui qui se faisait appeler le Commandant mais qui n'était en réalité qu'un sous-officier de la S.S., d'une « Oberaufseherin »-surveillante chef - avec revolver à la ceinture et de plusieurs autres « Aufseherinnen ».

Ce personnel a été augmenté par la suite et doté de chiens comme à Ravensbrück, lorsque Zwodau connaîtra le surpeuplement.

A Zwodau, comme à Ravensbrück, selon le système concentrationnaire hitlérien, la surveillance la plus effective était exercée par les détenues elles-mêmes. Pour un litre de soupe, une boule de pain, une « planque », les S.S étaient assurés de trouver parmi les triangles verts (droit commun) et les détenues allemandes et polonaises mêmes politiques des tortionnaires dignes d'eux mêmes. La crainte des détenues, la dépendance vis à vis des « Blockowa » (chefs de Blocks) et des « Stubowa » (chefs de chambre) n'a pas été une des moindres tortures des bagnes S.S.

La vie dans le camp

Lever à quatre heures même pour les malades qui avaient l'intention de se présenter au Revier[6] après l'appel dans l'espoir d'une dispense de travail (celle-ci n'est accordée que si l'on a une température supérieure à 39°).

L'appel commençait à quatre heures dix. Cela signifiait qu'on ne disposait que de dix minutes pour s'habiller (interdiction de garder le « rayé » de la nuit), pour se laver (6 robinets pour deux cent femmes), pour mettre en état les paillasses (on était sévèrement punies si les couvertures n'étaient pas pliées réglementairement) et pour boire « le jus » que deux détenues allaient chercher à quatre heures moins le quart.

---

[6] Revier : infirmerie

L'appel durait jusqu'à six heures. Cette station debout dans la fraîcheur du matin (plus tard dans le froid et la nuit des aubes tchèques) était éprouvante. A six heures les Aufseherinnen faisaient rapidement le compte. C'était alors le départ au travail avec obligation de marcher au pas devant le Commandant et l'Aufseherinnen. Gare aux jambes qui refusaient de marcher au pas : les coups de badine et de Gummi pleuvaient. Il fallait non seulement marcher au pas mais encore chanter. La chanson du camp devant être facilement accessible aux détenues de toutes nationalités ne comprenait que les paroles suivantes : Haï-di, Haï-do, Haï-da ; Haï-di, Haï-do, Haï-da que les Françaises traduisaient : « Ah ! les sal… »

Le travail durait jusqu'à midi. Il y avait une demi-heure de « Pause » (repos) pour la soupe ; dans cette demi-heure étaient compris le temps pour retourner du lieu de travail au camp et celui pour faire la queue à la distribution de soupe faite par la «Blokowa ».
Le travail reprenait à douze heures trente et durait jusqu'à dix huit heures.

L'appel de dix huit heures durait théoriquement jusqu'à dix neuf heures ; en fait, l'appel du soir était souvent interminable ; tout était prétexte à prolongation : erreurs d'appel, punitions, fantaisies du Maître.

A dix neuf heures avait lieu la deuxième distribution de soupe.

Entre dix neuf heures et vingt et une heures (extinction des feux) on pouvait se laver, faire la chasse aux poux (nous en étions littéralement infestées), s'organiser pour réparer nos hardes -il n'était pas question de renouveler nos robes et celles-ci étaient déjà bien transparentes au seuil de l'hiver.

A vingt et une heures, obligation de silence total.
En fait exténuées par le travail, toutes les détenues aspiraient au sommeil mais celui-ci ne venait que difficilement. Les lits à trois étages superposés de soixante centimètres de large, individuels d'abord puis destinés à deux prisonnières, comprenaient une paillasse et une couverture. Mais comment dormir sur ces grabats étroits quand l'estomac était si douloureux de faim, quand la vermine infatigable ne cessait de vous agacer, quand il fallait surveiller sa gamelle, ses socques de bois « pantines » et surtout son morceau de pain si l'on avait eu le courage d'en garder un petit morceau pour le réveil : les voleuses devenaient de plus en plus nombreuses.
Enfin le pouvoir diurétique de la soupe, la dysenterie dont nous avons été rapidement toutes atteintes nous tenaient éveillées d'autant que dans l'obscurité complète il n'était pas facile de se diriger jusqu'à la fosse commune pour tous les Blocks. Celles des couchettes supérieures marchaient toujours sur la tête de celles des

couches au-dessous, quand il ne leur arrivait pas de ne pas pouvoir se retenir….

Cette fosse est particulièrement nette dans mon souvenir. Rectangulaire, elle était entourée d'une barre en bois sur laquelle on s'asseyait les fesses au dessus du bassin. Aucune pudeur n'était possible mais les surveillantes ne s'approchaient pas et il était possible d'échanger des nouvelles, d'échafauder d'illusoires plans d'évasion.

A quatre heures du matin, la ronde infernale reprenait.

Pour les repas, c'était le régime classique.

Deux soupes par jour : soit choux, soit rutabagas, soit légumes déshydratés, soit enfin une soupe à la farine difficilement qualifiable même au point de vue de la couleur…

Du pain : deux cent cinquante grammes de pain très noir et vraisemblablement « surcomplet » (plus de son que de farine). Cette ration sera diminuée de plus en plus au cours des mois précédant la Libération.

Enfin deux fois par semaine, on touchait quinze grammes de margarine et une tranche de saucisson : ces soirs là la soupe était remplacée par du café. On a touché de temps en temps une cuillérée de confiture et deux fois la soupe a été remplacée par du fromage blanc, garanti sans matière grasse !

L'usine

La plupart des détenues travaillait à l'usine Siemens. Théoriquement, elles étaient payées en « Lagermark »-monnaie de camp- et une cantine avait été prévue : elle fonctionna un seul jour en juillet pour une vente de moutarde….

A l'usine le travail était surveillé par des détenues et des Aufseherinnen, enfin par des contremaîtres et des ingénieurs civils. On fabriquait à Zwodau des pièces pour moteurs d'avions et les déportées travaillaient soit sur des « tours » ou étaient fraiseuses, tourneuses, etc.… certaines étaient affectées au contrôle des pièces, travail nettement moins pénible.

Toutes celles qui ne travaillaient pas à l'usine exécutaient de lourds travaux de terrassement : aménagement de la route de l'usine au camp, creusement de fossés. C'était déjà une vraie torture que de porter ces maudites pioches sur nos épaules décharnées et entamées.
Je n'ai jamais compris la signification des fossés, mais il était bien d'être affectée « aux fossés » car si le travail était plus dur on avait au moins la satisfaction de ne pas travailler pour l'ennemi. A l'usine, au contraire, c'était une torture morale de chaque instant.

Parfois on nous envoyait dans une mine depuis longtemps abandonnée et que les S.S voulaient sans doute nous faire remettre en état.

Quelquefois des détenues étaient envoyées à la gare de Falkenau pour décharger des wagons.

Les Polonaises et les Allemandes étaient solidement incrustées à la cuisine, et les corvées d'épluchage étaient rarement accessibles aux Françaises qui rêvaient de trognons de choux. Dès octobre, il ne fut plus question de peler les rutabagas….les travaux à la cuisine comme les travaux à l'extérieur étaient surveillés par des détenues et des Aufseherinnen.

On revenait en rang de l'usine au camp en suivant un chemin boueux après la pluie.

Une détenue ramassa une boule d'argile et je la vis façonner de ses doigts habiles, une petite statuette : une jeune fille pleine de grâce. Le bonheur de la création illuminait le visage de l'artiste. Une rose pousse toujours quelle que soit l'obscurité des jours.

Punitions et discipline

Là aussi Zwodau était dans la ligne hélas classique des camps de concentration et les fantaisies ou les initiatives des S.S. étaient très nettement inspirées par leurs collègues des grands camps : coup de Gummi (lanière de cuir), séances odieuses de gymnastique à la fin de l'appel du soir ou le dimanche après midi (l'usine ne fonctionnait pas), privation de soupe, renvoi vers

Ravensbrück ou « transport noir ». L'absence de cachot ne gênait guère le commandant et je me souviens d'avoir passé trois jours sans nourriture et sans vêtement dans un water du Block de la cuisine. Les gifles du commandant ou ses coups de pied dans le ventre faisaient rouler à terre les détenues et cela le faisait rire.

Relations humaines dans le camp

Les S.S. manifestaient un mépris plus grand pour les Françaises moins costaudes que les Russes ou les Polonaises. Le commandant ne nous appelait point autrement que « Hurrenvolk » (peuple de putains).
Les Aufseherinnen étaient grossières, dépravées. L'été, dans les travaux à l'extérieur c'était une vraie aubaine. Elles étaient parfois curieusement sentimentales. Une petite espagnole chantait un soir la « Paloma » dans un block et nous l'écoutions avec beaucoup de plaisir. Une surveillante l'entendit, se fit rechanter la chanson – elle en avait les larmes aux yeux. Moins de huit jours après, elle battait la petite chanteuse avec rage.

Les contremaîtres et les ingénieurs à l'usine se plaignaient de la main d'œuvre et aggravaient souvent notre situation. Ils ne le faisaient pas toujours consciemment.
Les soldats des miradors étaient indifférents et certainement trop contents d'être loin du front -ils

étaient tous d'anciens grands blessés-pour ne pas exécuter strictement les consignes des S.S.

La plupart des détenues de notre convoi étaient de vraies déportées de la Résistance et de ce fait, décidées à « tenir » et donc à se soutenir l'une l'autre. L'entente a été remarquablement bonne.
A l'arrivée à Zwodau, nous avons été logées toutes dans un même block - j'en étais la Blockowa - et durant cette période Juillet Août 1944 nous nous sommes aidées mutuellement le plus possible. Cela ne pouvait guère durer et la dissolution du block des « Franzoze » fut prononcée par le commandant après force punitions et brimades. Un tchèque de l'usine avait accepté de poster quelques lettres pour nous destinées à nos familles ; elles sont revenues au commandant. Comment ?…

Dans son livre « Regarde toi qui meurs » Brigitte Friang qui était dans le même convoi à partir de Romainville et aussi dans celui de Ravensbrück à Zwodau écrit :
« Après sa harangue , Attila laisse sa place à Janine. Nous avons choisi cette jeune alsacienne pour chef de block des Françaises. Janine est une de nos rares communistes résistantes. Elle réussira à s'évader de l'hôpital de Falkenau avec mon amie Erna, alsacienne elle aussi. Je la retrouverai en Extrême orient, mariée et guérie de son typhus. Et aussi du Parti.
Janine traduit le petit speech de notre président directeur général. J'avais raison de m'esclaffer.

Nous avons été traitées d'assemblées de putains, de tas de chiffons, d'ordures, de cochonneries, de chiennes de françaises enjuivées etc.… et Janine en a sûrement passé. Le tout accompagné des pires menaces de pendaison, de crucifixion, de fusillade, d'écrasement sous le talon en cas d'indiscipline. »

Entre temps le nombre de déportées à Zwodau avait grossi et nous fûmes mélangées dans les différents blocks avec des détenues de différentes nationalités : Polonaises, Tchèques, Allemandes.

Avec les Allemandes (triangles verts ou noirs) les rapports étaient franchement mauvais. Elles n'hésitaient pas à nous battre ou à nous provoquer pour se faire bien voir et peu à peu diriger le camp.

Avec les polonaises les rapports étaient plus mauvais encore qu'avec les Allemandes. Au Revier, elles n'hésitaient pas à voler les soupes des Françaises trop malades pour se défendre. Plus costaudes que nous, les règlements de compte le soir dans les blocks l'étaient à notre détriment. Enfin dans les travaux à l'extérieur, elles se débrouillaient pour laisser aux autres les tâches les plus pénibles et acceptaient facilement de battre les détenues pour le compte des S.S.

Toutes les tchèques internées à Zwodau étaient des politiques ; nos rapports étaient excellents ainsi qu'avec quelques Slovènes. Les seules tentatives d'union internationale purent prendre naissance avec elles.

Les rapports avec les Russes étaient beaucoup plus complexes. S'ils étaient excellents avec les quelques rares politiques du camp, ils étaient mauvais avec la majorité des Ukrainiennes (elles portaient le U d'Ukraine et non le S.U c'est à dire Sowiet Union). Il fut difficile et parfois impossible de leur faire comprendre le sabotage. Certaines travaillaient le mieux qu'elles pouvaient.

Résistance dans le camp

Résistance signifiait surtout endurance et aide mutuelle.
Durant tout mon internement elle fut effective.
Un grand effort fut fait également pour être au courant des évènements internationaux. C'est le 6 juin 1944 à onze heures que nous étions au courant du débarquement allié en Normandie.

Le 14 juillet 1944 à Zwodau -alors que nous vivions au block des Françaises- nous avons toutes arboré des cocardes tricolores fabriquées à l'usine.

Mais surtout il y eût une résistance effective dans l'organisation du sabotage à l'usine. Il fut réel malgré l'isolement de certaines Françaises au milieu d'un groupe d'étrangères moins

55

enthousiastes que nous pour le sabotage. Il fut facilité par la présence de Françaises au contrôle.

A Zwodau le dimanche après midi était libre, nous pouvions nous réunir sur la place de l'appel ou même sur l'herbe près des baraques. Une fois en juillet 1944 nous étions réunies pour chanter. Il y avait toutes les nationalités : quelques russes avaient encore la force de danser. Les Françaises ont entonné « j'attendrai… » des chansons de Maurice Chevalier. Nous cherchions un air que toutes les détenues connaissaient : ce fut l'hymne à la joie de Beethoven. Extraordinaire prémonition : au moment le plus horrible de cette guerre fratricide, une chanson nous unissait : personne ne pouvait deviner qu'elle deviendrait l'hymne européen.

Chapitre 9
L'évasion

La ligne normale de conduite des S.S. vis à vis des malades était la suivante :
- droit au Revier pour les malades jugées récupérables pour le travail
- « transport noir » pour les malades jugées incurables et donc impropres au travail, ceci dans les camps où il n'y avait pas de chambre à gaz.

A Zwodau un concours de circonstances vraisemblablement unique dans les annales de l'histoire concentrationnaire nazie allait permettre l'évasion de trois Françaises.

L'éloignement du Kommando avait fait envisager en haut lieu le rattachement de Zwodau au camp de Flossenburg (ce fut fait en Décembre) et de ce fait les départs pour Ravensbrück furent suspendus.
Entre temps une épidémie de scarlatine et fièvre typhoïde exerçait ses ravages au camp et par les contacts à l'usine jusque dans la petite ville de Falkenau. On parla notamment au camp du décès d'un ingénieur ou de ses enfants…
Un jour, un médecin habillé en civil vint au Revier et dix parmi les déportées les plus malades furent mises dans un camion et …envoyées à l'hôpital civil de Falkenau sur Eger. J'en étais.

Voilà ce qui s'est dit au camp et qui est rapporté par Brigitte Friang dans son livre :

« Mon amie Erna, Janine notre ancienne blockowa du temps heureux où les françaises étaient réunies dans un seul block et une autre alsacienne, soignées pour le typhus dans le pavillon des prisonniers de guerre de l'hôpital de Falkenau, se seraient évadées. Après cette évasion même les typhiques resteront à l'infirmerie du camp. Elle parlent toutes les trois allemand, elles auraient confectionné des vêtements avec les couvertures de lit inoccupés, volé des chaussures et auraient fui grâce à des complicités. »

Voilà ce qui s'est passé.

Au camp de Zwodau, les épidémies se propageaient : typhoïdes, scarlatines. Comme les détenues travaillaient à l'usine Siemens, il y eut par contamination des ouvriers, des contremaîtres touchés par la maladie. Les autorités voulurent stopper le désastre. La visite médicale fut installée au camp en plein air. Je servais d'interprète. En fait le thermomètre buccal servait d'indicateur : à 39° (ou plus bien sûr) on était bon pour l'hôpital ; à moins on continuait à travailler. Je me souviens que tout en traduisant, je tremblais, mes jambes ne portaient plus, et je me suis retrouvée, moi aussi, avec un thermomètre dans la bouche : 39.5° !
Comment sommes nous arrivées à l'hôpital de Falkenau (Falknov aujourd'hui) ? Je ne sais plus

rien. Quand j'ai rouvert les yeux j'étais dans un lit avec des draps d'une blancheur immaculée.

Etais-je vivante ? Etais-je morte ? Telle fut ma première pensée.

Je ne pouvais bouger aucun membre, même ouvrir les yeux me fatiguait. Je me souviens que je grattais mes draps et une réminiscence littéraire me vint à l'esprit : c'est un signe de mort ! Rapidement ma jeunesse reprit le dessus.

Je n'étais pas seule dans la chambre. Il y avait deux autres détenues avec moi : Gaby et Erna.

Gaby Gaudfernand était parisienne, un peu gouailleuse. Erna Langenfeld venait de ce coin d'Alsace qu'on appelait « le Krumme Elsass » à la limite de la Lorraine. Gaby était une communiste convaincue ; Erna avait travaillé dans les services secrets, elle avait été torturée lors de son arrestation.

La conscience revenait, on nous donnait à manger convenablement, même des petits pains blancs appelés « semmel ».

On pouvait regarder par la fenêtre les arbres dénudés de Novembre et au loin les croupes sombres des monts sudètes. Les médecins nous adressaient la parole à Erna et à moi -Gaby ne savait pas un mot d'allemand-. Ils étaient persuadés que nous étions des prostituées et étaient stupéfaits d'apprendre que j'étais étudiante, arrêtée pour raisons politiques. Une sœur délicieuse -Schwester Maria Bellarmina- s'occupait de nous : elle n'hésitait pas à nous apporter de la nourriture supplémentaire-celle que les autres malades de l'étage ne mangeaient pas-.

Dans la chambre à côté, il y avait trois autres détenues, mais aucun gardien, aucun soldat.

Cette parenthèse ne pouvait durer ; elle tenait du prodige.

Sans être guéries-loin de là- nous commencions à aller mieux et l'idée de l'évasion a pris corps peu à peu. L'épouvante à l'idée du retour au camp suffisait à elle seule à expliquer la tentative.

Avant d'envisager le détail de l'entreprise nous avons cependant eu un certain nombre de scrupules : les autres déportées hospitalisées allaient être renvoyées au camp ; la sœur qui enfreignait la consigne (elle ne nous enfermait pas à clé) risquait de prendre notre place ; les camarades du camp auraient des heures d'appel supplémentaires le jour de l'évasion et les suivants sous prétexte de contrôle.

Erna et moi avions bien envie de partir toutes les deux. Mais comment laisser Gaby ? qui malgré nos efforts était incapable de prononcer trois mots d'allemand à la suite l'un de l'autre. Il n'était pas question d'en parler à celles de la chambre voisine : partir à trois était déjà énorme.

Mais comment faire sans vêtements, sans chaussures, sans argent, sans papiers d'identité, sans carte d'alimentation sans même savoir où nous étions et encore moins où nous irions… mais la foi soulève des montagnes et je n'ai pas douté une seconde de la réussite de notre entreprise.

D'abord observation des lieux. Nous étions dans le bâtiment des contagieux. Des enfants surtout étaient hospitalisés. Le bâtiment était excentré par rapport aux autres pavillons de l'hôpital. Les visiteurs n'avaient pas le droit d'entrée et les enfants faisaient des signes à leurs parents qui se tenaient debout sur une allée face aux fenêtres. Ces personnes semblaient aller et venir sans difficulté entre treize heures et quatorze heures. A défaut du jour on avait déjà choisi l'heure de départ.

Il y avait quelquefois des alertes lorsque des avions alliés survolaient le territoire. On nous faisait descendre à la cave. C'est là que nous avons vu des chaussures sur des rayonnages : chaussures diverses, de toutes pointures, de toutes couleurs. Celles des malades ? celles des sœurs qui effectuaient leurs services, chaussées de pantoufles blanches insonores ? C'était donc là qu'il faudrait s'approvisionner en chaussures.

On n'arrêtait pas de poser de questions à Sœur Maria : « Quelle est la ville la plus proche ? » « A combien de kilomètres ? » La sœur se rendait compte que les questions n'étaient pas anodines et elle nous a raconté l'histoire de prisonniers évadés qui s'étaient fait reprendre à Königsberg. Je ne connaissais qu'un Königsberg, celui de Prusse orientale – au moins 500 km de Falkenau. Je souriais : 500 km, c'était plus qu'il n'en fallait pour nous perdre vers l'ouest....Nous ne savions pas qu'il y avait un autre Konigsberg à quelque 5 km à peine du camp. Heureuse ignorance !

Le plus difficile était les vêtements. Nous n'avions que des chemises de nuit en toile d'hôpital et il neigeait déjà dans ce pays de froidure. C'est Gaby qui a eu l'idée de tailler des vestes et des jupes dans les couvertures de lit. Elles étaient couleur sable. A force de sourires, nous avons demandé des ciseaux, du fil à la sœur en lui proposant de l'aider dans ses travaux de couture et c'est dans une nuit de novembre que nous avons commencé nos découpages et nos montages. De quoi pouvions nous avoir l'air avec nos oripeaux ? Seraient-ils suffisants à nous protéger du froid alors que nous n'avons ni sous vêtements, ni manteaux ?

La date fut choisie : tout fut compromis par la présence d'un gamin de six ans, convalescent, attendant ses parents qui devaient venir le chercher. Sachant que nous étions prisonnières, il s'amusait à jouer la sentinelle devant notre porte. Les vingt quatre heures suivantes furent des plus pénibles : la découverte de nos costumes eût été lourde de conséquences.

Ce serait pour le lendemain, le 11 Novembre ! Signe de victoire ?

Vers treize heures, les sœurs étaient réunies pour manger et les parents commençaient à s'agglutiner face aux fenêtres du bâtiment. C'était à eux qu'il fallait se mélanger et ainsi trouver la sortie.

D'abord aller chercher des chaussures ; essayage sans bruit avec le cœur qui battait la chamade. Bien sur, ni bas, ni chaussettes, ni culottes : et il faisait 0°.

Vêtues de couvertures, chaussées de pantoufles noires, nous franchissions le seuil d'une porte secondaire de l'hôpital. Il neigeait !

La porte était étroite et un concierge avec un vague uniforme surveillait les mouvements. Il murmura « Heil Hitler » et nous répondîmes en levant vaguement le bras droit « Heil Hitler ». Quelle dérision ! S'évader en faisant le salut fasciste tant honni….

S'il avait pu nous prendre pour des « visiteurs » c'est que nous n'attirions pas le regard et c'est pleines de confiance que nous décidions de marcher vers Nuremberg , première étape de notre évasion.

Quelle direction prendre ? L'hôpital était à la lisière de la ville et la forêt était toute proche. On se mit à marcher mais que nous étions faibles. Le pas était lent, l'angoisse atroce, le froid vif. Un petit sentier dans les bois assez clairs ? Des arbres dénudés mais aussi des sapins ? Soudain, accrochée à un arbre, je vois une mangeoire pour oiseaux et un petit panneau « N'oubliez pas l'hiver des oiseaux ». Nous étions si près du camp : on affamait les femmes et on protégeait les oiseaux ! Nous parlions à voix basse ; soudain un craquement de pas. Cachées derrière des troncs d'arbres, on a vu un garde chasse, ou un garde forestier, revêtu d'un uniforme : il parcourait la forêt. Il n'est pas possible qu'on nous cherche déjà ! Cela fait à peine une heure que nous sommes parties.

C'est plus tard, en 1945, à la libération, qu'on apprendra que le commandant du camp avait mis de gros moyens -hommes et chiens- pour nous retrouver... mais il commençait à neiger et les traces de nos pas s'effaçaient vite.

Un hameau en pleine forêt : faut il s'arrêter ? Où sommes nous ? Que pouvons nous demander ? à dormir ? à manger ? Je crois que la forêt enneigée nous effrayait plus que les risques d'une rencontre dangereuse.

C'est une femme entre deux âges qui a répondu aux coups frappés à sa porte. Elle s'est affolée en nous voyant...De quoi avions nous l'air ? Certes décharnées, pâles, vêtues d'oripeaux, d'où venions nous, devait-elle penser ? Mais elle nous fit entrer et nous avons raconté une histoire tordue de sac perdu, de route perdue. Il faisait bon dans la maison bien modeste.

Elle nous indiqua une autre maison : c'était celle d'un couple de vieux paysans qui, dit-elle, hébergeait quelquefois des voyageurs. Les deux vieux nous ouvrirent la porte ; sur la table la petite vielle posa des verres très épais et y versa une boisson chaude : ersatz de café sans doute.

Brutalement la porte s'ouvrit et un uniforme parut. Qui était ce ? Nous étions incapables de reconnaître cet uniforme. Garde chasse ? Forestier ? Mais sûrement responsable du parti hitlérien dans le hameau. Il nous demanda nos papiers : à nouveau notre petite histoire d'excursion dans les Sudètes : « Nous étions, disions-nous, des travailleuses françaises volontaires en Allemagne ! » Décidément on ignorait tout : les travailleurs étrangers n'avaient pas le droit de circuler. L'homme de l'autorité, somme toute assez débonnaire, nous dit de passer la nuit mais qu'il nous emmènerait le lendemain à Karlsbad pour les papiers. A nouveau, l'effroi ! Nous avions donc marché vers l'Est alors que nous voulions aller vers l'Ouest, vers Eger puis Nuremberg. Et cet homme partit.

Le paysan, notre hôte, se souvint qu'il y avait un français, prisonnier de guerre, dans le village et il alla le chercher. Je n'ai jamais su son nom. On lui a raconté notre histoire -la vraie- et manifestement il n'en a pas cru un mot. Il ne comprenait pas la résistance, il ignorait qu'il y eut des déportations mais il nous expliqua où nous étions, nous indiqua la route à prendre pour aller vers Eger. Peut-être perçut-il notre détresse ? Il nous glissa un peu d'argent. Ce fut notre première chance…

Bien sûr dans le hameau, personne n'était au courant de notre évasion ; sans doute ignoraient-ils également l'existence d'un camp ?
Nous nous sommes reposées un peu, et, dans la nuit, nous sommes reparties par une route enneigée sur laquelle brillait une lune froide. Le silence était total, et le bruit de nos pas étouffé par la neige. Nous n'osions même plus parler…

C'était terrible mais je crois que nous étions au delà de la peur, de la faim. On avançait comme des automates.

A un certain moment, se dressait dans la nuit blanchâtre une meule de paille. Des rêves fous pour s'enfouir dans la chaleur…Rêves fous vraiment ! Quand on a voulu creuser un trou, ce fut impossible. Toute la paille était gelée : nos doigts gourds étaient incapables de retirer un seul fétu. Découragées, on décida quand même de dormir. Nous nous sommes allongées à même le sol glacé, les trois l'une contre l'autre en s'intervertissant sans cesse afin que l'une soit au milieu des deux autres et se réchauffe.

Et la marche reprend.

C'est au petit matin que nous sommes arrivées à Königsberg…Oh ! cette pancarte annonçant la localité ! Je comprenais enfin la remarque de Schwester Maria Bellarmina. Ce n'était pas Königsberg de Prusse orientale mais Königsberg, tout proche de Zwodau. Nous étions sur la route, pas question de faire marche arrière…Königsberg faillit nous être fatal !

Dans le village, toutes les femmes nous regardaient presque hébétées. Et manque de chance Gaby, à la limite de ses forces, s'évanouit. Attroupement. Il n'y avait pas d'hommes, mais des femmes qui commentaient nos jambes nues et bleuies de froid, notre accoutrement. Elles nous ont traînées à la pharmacie. Gaby fut assise sur une chaise et on lui donna quelque chose à boire.

Erna et moi étions debout, terrorisées, à côté d'elle.

Une femme s'approcha doucement de moi et me glissa dans la main une paire de bas de laine en murmurant « Quel malheur cette guerre ! Prenez vous aurez un peu plus chaud ». Si elle savait comme aujourd'hui encore j'en ai le cœur réchauffé.

Une autre proposa de nous héberger quelques heures en attendant le train d'Eger, de l'après midi. Jamais l'idée de prendre le train ne nous avait effleurées…et nous étions si près du camp. Dans les gares il y a des contrôles…Comment faire ? Comment échapper à la sollicitude qui se présentait comme un piège ? Etait-il possible que l'alerte ne fut pas donnée ?

On suivit cette femme. Elle habitait une humble maison près de la voie ferrée, à deux pas de la petite gare de campagne, fermée en attendant l'arrivée du train. On était assises dans la cuisine. Instinctivement mes yeux se portent sur un uniforme accroché à une patère de la porte. La femme suit mon regard : c'est un uniforme de son mari mais son mari est sur le front russe, la femme a les yeux pleins de larmes, cela fait des mois qu'elle est sans nouvelles. Sa petite fille, sept ans, grave, regarde sa mère, nous regarde et dans ses yeux se lit une interrogation inquiète. La femme parle, parle.

Elle nous dit qu'en réalité elle habite Nuremberg mais elle a quitté la ville à cause des bombardements. Cette maison de Königsberg est celle de ses parents. Les heures passent. Elle nous dit sa peur de voir réquisitionner son appartement de Nuremberg. Alors sur un papier elle griffonne son nom et l'adresse nurembourgeoise : Frau Ponsel, 102 Wiesenstrasse.

Si vous vous installez à Nuremberg comme vous me le dites, voulez vous être mes locataires ? J'ai presque honte de sa confiance. Mais je prends le papier sans faire une promesse trop formelle.

Quand le petit train entre en gare, avec l'argent du prisonnier français, nous pouvons prendre nos billets : aucun contrôle, aucun policier dans cette gare minuscule. C'est si extraordinaire que nous n'en pouvons plus de joie et d'émotion. Dans le train, je déchire en morceaux minuscules l'adresse de cette dame : en cas d'arrestation, inutile de compromettre une femme qui n'avait écouté que son cœur.

Le trajet est court, environ quinze kilomètres jusqu'à Eger. Aujourd'hui la ville s'appelle Cheb. On décide de se séparer pour sortir de la gare. On se donne rendez-vous à deux cent mètres environ en décidant de tourner à droite. Là les uniformes sont nombreux : policiers, contrôleurs, soldats. Heureusement que nous sommes séparées : un trio a peut être été signalé. On sort de la gare le cœur battant : plus d'argent, pas de papiers, rien à manger ; on grelotte et la nuit va bientôt tomber. Pas question de dormir sur le trottoir ou dans l'encoignure d'une porte : c'est trop dangereux, et on marche, on marche, sans parler en réfléchissant le moins possible sur l'actuelle condition. Certes nous étions sorties de la gare, nous nous sommes retrouvées. Eger est à vingt kilomètres du camp mais nous ne savons où aller.

Une idée : il faut absolument trouver des travailleurs français ou des prisonniers de guerre. Ils étaient facilement reconnaissables car sur leurs vêtements il y avait, tracé à la peinture blanche, un énorme KG Kriegsgefangener, prisonnier de guerre.

Ce furent des ouvriers français venus au titre du STO -Service du Travail Obligatoire- qui nous aidèrent. Dérision encore : nous avions tant lutté pour les empêcher de venir en Allemagne ! Je ne sais plus leurs noms : ils étaient deux et ont offert de nous héberger dans leurs baraquements où les rondes de nuit - disaient-ils - étaient quasi inexistantes.

C'était un baraquement avec une vingtaine de lits et un poêle qui ronronnait. Assis sur les lits nous leur avons expliqué, commenté la situation. Je crois qu'ils ont fini par avoir confiance quand brusquement la porte s'est ouverte : contrôle inopiné ! C'était un uniforme ventripotent, stupéfait de voir trois jeunes femmes au milieu des étrangers. Nous avons Erna et moi parlé allemand avec lui. Nous lui avons déclaré être des

« Volksdeutsche » c'est à dire des allemands rattachés au moment de la guerre, tels les Sarrois, les Alsaciens, les Luxembourgeois…Les Français nous regardaient d'un air de plus en plus soupçonneux. L'un d'eux m'a même murmuré « traîtresses ». L'allemand nous dit de déguerpir au plus vite si nous ne voulons pas aller au poste. Les Français nous regardent d'un air hostile, et nous voilà dehors dans la nuit noire (aucune lumière n'était visible par ces temps d'alertes aériennes) et nous avons marché pour quitter la petite ville.

Il fallait à tout prix s'éloigner et nous avons encore couché sur un pré gelé, serrées l'une contre l'autre. Gaby nous dit : « Je crois que je préférais encore le camp », mais Erna et moi savions bien que la route de la liberté s'ouvrait. Il fallait marcher en direction de Nuremberg. Cinquante ans après je n'ai plus que des souvenirs vagues de pieds meurtris, de doigts couverts d'engelures, de feuilles de chou gelé mangées dans les champs, d'un ou deux larcins dans les villages traversés. Quelquefois aussi d'hospitalité dans une ferme.

Le 20 novembre, Nuremberg apparut dans le lointain. La ville allait nous engloutir dans l'anonymat de la foule. Plus personne ne nous poursuivait, il fallait inventer de nouveaux mensonges et survivre.

Chapitre 10
Nuremberg

Nous étions englouties par la grande ville mais sauvées. Une espèce d'ivresse s'emparait de moi malgré la précarité de la situation. Les contacts avec les Français malgré les aléas et les mésaventures semblaient positifs. Mais comment s'adresser à des Allemands : nous n'avions toujours ni papiers, ni argent, ni cartes d'alimentation, ni surtout un domicile. Comment passer la nuit dans une grande ville ? Mues par une espèce d'automatisme, nous marchions sans savoir où nous allions.

Soudain nous voyons deux prisonniers de guerre gesticulant ct parlant très fort en français. Est-ce le salut ? Comment poursuivre notre marche vers l'Ouest ? Nous n'en pouvions plus. Ils nous écoutent et l'un d'entre eux murmure : « On peut vous cacher une nuit dans le camp : les baraquements sont nombreux et la surveillance nocturne assez lâche ». Aujourd'hui avec le recul du temps, je me dis que nous étions totalement inconscientes. Je n'ai pas été effleurée une seconde par les dangers sexuels de ce nouvel épisode…

A l'arrivée dans un block assez semblable à celui d'Eger, notre KG appelle le chef de block. En fait toute l'Allemagne était couverte de baraquements et partout l'administration allemande se servait des prisonniers pour se faire obéir par la masse de ceux qu'elle détenait. Le chef de block s'appelait François Charbonnier. Il était journaliste, à la Vie Française, je crois. En tout cas c'est le journal dans lequel il écrivait à la libération lorsque nous nous sommes retrouvés. Il était ahuri et terriblement angoissé par la situation. Cacher trois femmes, même une seule nuit, dans un baraquement lui semblait être une entreprise très dangereuse. Il avait raison : nous prenions peu à peu conscience que nous entraînions les autres vers le gouffre des représailles. Nous n'avons pas eu le courage de quitter la tiédeur de la baraque, nous avons accepté de manger, et ils n'ont pas eu le courage de nous remettre à la rue ou plutôt ils ont eu la charité de nous garder.

François nous a expliqué le seul plan possible pour avoir des papiers.
Il fallait - puisque nous parlions allemand Erna et moi- aller au bureau de police, faire une déclaration de perte de papiers : nous aurions été victimes de bombardements et nous cherchions une parente- dont nous avions oublié l'adresse, bien sûr.
Dans l'Allemagne décomposée de Novembre 1944, aucune enquête n'était possible et le fait d'être femme facilitait les choses. Mais, disait-il, il vous faut absolument un domicile.
C'est alors que le souvenir de Frau Ponsel à Konigsberg me revint à l'esprit. Il fallait retrouver l'adresse…si bien écrite et si bien

déchirée. Le seul souvenir : le nom de la rue Wiesenstrasse mais impossible de se rappeler le numéro ! Le lendemain nous cherchons la rue, nous la trouvons et là, la réalité dépasse la fiction. On marchait lentement dans cette rue sans caractère, lisant les noms sur les boites aux lettres des couloirs... un peu lasses, un peu découragées. Brusquement, nous hélant à grands cris, Frau Ponsel sur le trottoir nous reconnaît : vous êtes à deux pas de chez moi, vous veniez pour la location ? Oui bien sûr et c'est ainsi qu'au premier étage au numéro 102 nous fîmes la connaissance du minuscule appartement qui revêtait pour nous la couleur du paradis. Bien sur elle acceptait de recevoir le montant du loyer un mois plus tard.

Et nous nous sommes inventées de nouvelles identités.
Je devenais Margarete Thomann et Erna s'appelait dorénavant Elyane Schmidt.

Gaby, la parisienne n'arrivait pas à articuler quelques mots d'allemand. Elle ne pouvait pas, comme Erna et moi, se faire passer comme « Volkdeutsche ». A Nuremberg, dans les locaux de la police, elle a avoué être une travailleuse volontaire et avoir perdu ses papiers. Cela lui a coûté un mois de prison ; puis elle a été affectée dans une cuisine de restaurant. C'est là qu'un jour je la retrouverai.
Elle n'a certes fait aucun effort pour nous revoir. Mais qu'elle a mauvaise mine, maigre, pâle, de

grands cernes noirs sous les yeux. Elle est marquée à jamais par la prison, le camp, les privations. Ce qui est plus grave, c'est qu'elle a mauvais moral. Certes, elle est isolée, elle est vraiment étrangère, ici sans comprendre la langue du pays. Enfin son travail est pénible et son état de santé ne lui permet pas un tel effort. Elle est vraiment prisonnière, elle l'est restée malgré la Liberté, relative, mais enfin Liberté. Elle en vient à regretter les gifles du camp.

Je me refuse à comprendre, je m'exaspère…si les copines savaient, elles qui souffrent tant. Combien seraient heureuses d'être à la place de Gaby…

Le chef de la police nous apostropha vertement : comment peut-on perdre ses papiers ? Mais il nous fit faire des cartes provisoires et nous demanda d'aller directement à l'office du travail « Arbeitsamt ». Il n'était pas question de ne pas offrir ses bras à l'Allemagne en guerre…c'était bouleversant ! Avoir fui les travaux forcés pour devenir travailleur volontaire …chez l'ennemi !

Pour Erna et moi c'était une solution transitoire, nous n'allions pas rester dans cette ville. Il fallait atteindre Stuttgart : Erna y connaissait un allemand des services secrets ; ce n'était peut être pas un allemand mais nous pourrions continuer la lutte. Au bureau du travail, ce fut tout simple : on avait une identité, une adresse, et nous voilà toutes les deux affectées au Kugellagerwerk (usine de roulements à billes) comme polisseuses.

C'est le lendemain que le travail en usine a commencé. Il y avait une longue distance à parcourir entre « la maison » en centre ville et l'usine à la périphérie : tramway et marche à pied. Le contremaître nous a installées. Nous faisions partie d'une équipe et on travaillait quelquefois de nuit. Chance, c'était un travail assis, mais répétitif, sans intérêt aucun. On était responsable d'une petite machine. Je ne m'occupais pas des billes mais des bagues : il fallait les enfiler sur une tige, les fixer, mettre la machine en route et pendant que les bagues tournaient, il fallait les pincer avec une petite tenaille pour les rendre parfaitement lisses. J'ai été tout de suite obsédée par l'idée du sabotage. Il ne fallait pas faire de bonnes pièces, il fallait que mes petites pièces soient mal polies mais le contremaître et les voisines me surveillaient attentivement. Combien de jours faudrait-il travailler ainsi ?

Un jour, j'ai essayé de fournir le rendement demandé, pour voir : je n'y suis pas arrivée, mon poignet était gourd, j'étais incapable de penser et j'ai compris l'horreur du travail en usine.

La solution était de s'absenter le plus souvent. Après une absence, la contremaîtresse me lança une bordée d'injures -je ne les ai même pas toutes comprises- puis elle m'a envoyée chez le « Meister » - maître des contremaîtres-.

Il est rouge de fureur ; après les injures, il dit qu'une ouvrière nous a vues au café avec des prisonniers de guerre, alors que nous invoquions la maladie pour expliquer les absences répétées.

J'ai quand même eu peur. Comment vivre marginalement dans un pays où la délation permet la surveillance de chaque individu ? Il fait appel à ma « conscience patriotique », à la nécessité de travailler pour la « Grande Allemagne ». Puis en me renvoyant à mon poste de polisseuse, il m'a menacée de quatre mois de prison.

C'était une période de travail abrutissant, sans intérêt, sans enrichissement aucun. La sensation de liberté était moins forte. Il y avait quand même une grande différence avec le camp, plus d'appels, plus de faim, moins de fatigue et surtout il y avait une vie « en dehors de l'usine ».

A l'usine nous étions payées. Je pense qu'il s'agissait d'une somme assez maigre mais nous pouvions manger à la cantine, acheter du pain, de la saucisse. Notre premier achat fut un gant et une serviette de toilette. C'était un peu effrayant de ne rien avoir et pourtant j'ai le souvenir d'exaltation, de renouveau. Nous ne parlions jamais du camp et nous nous efforcions de parler allemand entre nous. On lisait les journaux qu'on trouvait et même lorsqu'ils avaient quelques jours de retard, nous nous délections des mauvaises nouvelles qui accablaient l'Allemagne.

La guerre pourtant semblait s'enliser à nouveau. Noël approchait. Erna voulait absolument décorer un sapin. Quelques sous pour l'arbre, deux ou trois boules, une ou deux guirlandes. Un rêve et nous étions éveillées. Ce fut mon premier arbre de Noël, il me semblait d'une beauté extraordinaire.

Un jour, un soir plutôt, on frappa à la porte.

Personne ne connaissait notre adresse : la peur nous laissait muettes. On ouvre : un policier. Nous n'avons même pas ouvert la bouche. En fait, il s'agissait d'un employé municipal, d'un chef d'îlot chargé de vérifier la parfaite exécution du black out. Il alla droit à la fenêtre, tira les rideaux et nous expliqua que nous étions un véritable danger : les avions ennemis pouvaient apercevoir une lumière. Il partit et nous avons été prises d'un rire inextinguible…après une belle peur !

Il n'y avait pas de miroir en pied mais nous nous rendions compte que nous reprenions du poids et des formes. Même nos règles sont revenues : au camp personne ne les avait (bromure ? faiblesse ?)…nous redevenions des femmes.

2/02/1945

Elyane est restée à la maison ; je ne pense pas que l'esprit du Meister, tout obtus qu'il soit, ait accepté les histoires d'évanouissement invoquées à cet usage….mais « seul le résultat compte » disait sans cesse Suzan. « Moins on travaillera dans cette boite maudite, mieux ça vaudra. »

Le soir, en rentrant j'avais envie d'écrire, d'apprendre du russe, de m'isoler dans les livres mais j'étais sûre qu'Elyane me demanderait d'aller au cinéma et j'étais sûre d'accepter. En effet, je trouve Elyane à la porte « Tu sais, on va aller au ciné, Marika Rökk joue. » Marika Rökk, mon cœur bondit : c'est l'actrice que j'ai le plus appréciée en Allemagne, elle chante et danse divinement.

On se sent si libres toutes les deux. Jamais plus nous ne serons aussi libres. Sans devoir, sans obligation, sans connaissances, nous pouvons par contre vivre à la hue diable…La seule illusion de jeunesse qu'il nous reste, et je m'y accroche : je ne veux pas perdre ma jeunesse.

Je vais puiser l'eau à la maison voisine, chez un boucher et j'ai l'occasion « d'organiser »[7] une saucisse absolument énorme. Il y a des années que je n'en ai plus vue de si grosse et nous rions toutes deux parce qu'on « les a encore eus, cette fois ». A la hâte, un bout de beefsteak de cheval, de cette fameuse saucisse et nous courrons au ciné. En route je chantonne une nouvelle chanson « Grete, du hast die Wurst gestohlen, gieb sie wieder her, gieb sie wieder her , sonst wird dich der Metzger hohlen mit dem großen Messer »[8]

Le film « Der Tanz mit dem Kaiser » est une merveille : musique hongroise, czardas, danses villageoises, costumes chatoyants, décors somptueux, de la jeunesse, de la gaieté, nous sommes enchantées, nous exultons de joie, loin de l'usine et de ses moteurs sales. Point d'alarme…

---

[7] argot du camp : signifie dérober

[8] « Grete, tu as volé la saucisse, rends la, rends la, sinon le boucher viendra te chercher avec son grand couteau » (adaptation d'une chanson allemande)

A peine sorties du ciné, je me sens l'envie de rentrer, vite, vite.

Elyane - décidément nous ne serons jamais à l'unisson - veut aller prendre quelque chose au buffet de la gare. Heureusement qu'elle a eu cette idée. Cela a été notre bonheur. Elle aura toujours mieux su sortir, mieux observer que moi.

Pendant qu'elle boit, je regarde les soldats ; à côté de moi un policier et un jeune soldat, magnifiquement beaux, du moins à la première minute. Grands, bruns, et je me dis….Dommage que ce soit un schleu !!!…. Il engage la conversation et dès les premiers mots me dit : « Mais d'où êtes vous avec un accent pareil ? » « De Metz » lui dis-je. Et moi de Mulhouse…Oubliant un peu trop vite le curriculum vitae si péniblement établi de Margaret Thomann, je lui dis « Et moi aussi » nous évoquons tous deux notre ville natale, ses pierres grises, ses jardins romantiques, sa bonne humeur.

Le policier qui l'accompagne est un danois. Mais la conversation s'arrête.

Que pourrions nous nous dire ! Il est là en face de moi, ce garçon de mon pays, il a non seulement l'uniforme allemand, mais encore celui des SS.

Que pourrais-je dire à l'ennemi ? Se peut-il qu'il n'y ait pas le même amour chez les enfants d'un même pays ? Nous avons le même âge, nous avons été à l'école française, nous avons connu les mêmes feux d'artifices le 14 juillet, les mêmes retraites aux flambeaux. Nous avons vu ensemble les trois couleurs flotter dans Mulhouse, nous avons chanté la Marseillaise aux distributions de prix et lui serait pour l'Allemagne et mon cœur ne saurait battre que pour la France ?

C'est impossible. Cela ne se peut pas . Il doit exister des courants, je ne sais quelle magnétisme entre certains êtres. Lui aussi doit sentir…Il me demande « Parlez vous beaucoup aux soldats allemands ? » Je le regarde droit dans les yeux, lui le S.S., l'étranger et je lui dis « Non, je ne me suis jamais abaissée ». Alors son visage s'est éclairé ; nous étions d'Alsace tous les trois et il m'a dit en patois « Alors tu es vraiment de Mulhouse… »

On s'installe dans un coin, Elyane occupe le danois, nous parlons Marcel et moi, en Français, en patois, en petit nègre, mais avec notre cœur ; nous parlons de la France. Je lui fais comprendre peu à peu notre situation anormale, notre souffrance dans l'exil. Des larmes sont dans ses yeux, nous nous donnons la main et il murmure « pauvrettes ». Alors il parle ; lui aussi est un enfant des bords de l'Ill, lui aussi a souffert de l'occupation allemande, lui aussi a le même amour et la même haine….Il n'est pas volontaire chez la S.S. Il a été sentinelle à Auschwitz.

Le sang bat violemment contre mes tempes, une grosse boule monte et descend dans ma gorge. Je revois les copines, les appels, les cheveux rasés, les habits rayés, la faim, l'éternelle faim, oh ! ces plaies d'avitaminose, ces bras marqués de chiffres, le ciel de Ravensbrück. A-t-il au moins compris l'horreur des camps, les chiens, les coups, la fatigue, les outrages ?

Oui, il sait et maintenant il confie ; il a fait échapper un mulhousien, un juif. Il savait les chambres à gaz, il murmurait ; alors comme tous les enfants d'Alsace il a été envoyé sur le front de l'est dans la mitraille, sous les balles, dans le froid. Tous les Alsaciens ou presque sont morts. Enfin il a connu la magnifique débâcle de Silésie, de ces jours derniers. Tous les régiments seraient en débandade, plus de liaison ; beaucoup refusaient de se battre ; il était blessé, évacué d'hôpital en hôpital ; il a profité des circonstances pour se faire faire des faux papiers, il veut aller sur le front de l'Ouest, passer chez les Américains, combattre dans nos rangs. Et il explique maintenant, que nous aussi nous devons partir, nous aussi devons marcher vers l'Ouest ; les Alsaciens reprennent la tradition d'antan, traverser les lignes du front pour renter chez nous. Lui va à Pforzheim, et nous voilà à nouveau penchés sur la carte, à projeter, calculer, espérer, vouloir.

Nous sommes maintenant dans le restaurant réservé aux Wehrmachtangehörige, entourés de soldats, dormant par terre, sur les tables, partout. Si les copines voyaient….rien que la Wehrmacht avec deux S.S.

Il nous accompagne dans les rues sombres de Nuremberg à travers les décombres et les ruines. Nos cœurs sont pleins de lumière, nous sentons tous les trois les clochers de chez nous qui nous appellent. Il va nous écrire, nous allons partir. Il se dévêt du peu qu'il a nous donne son blouson en fourrure, un cache nez en laine, ses vivres….

Nous nous donnons la main, nous voulons chanter, et quand nous nous quittons il y a tant de tristesse et tant de joie que je ne sais plus…

Dans la chambre ce soir, bohême comme il se doit, dans un fouillis inextricable d'assiettes de linge, de livres, de denrées comestibles, nous discutons la carte en main. Nous allons partir, tout de suite, nous ne voulons plus de cette usine de guerre, nous voulons à nouveau l'action, le travail sacré. Quelle différence avec la dernière fois, nous préparons un départ en tout repos….l'avenir est à nous….même si nos pensées s'en vont vers les camarades demeurées au camp...

3/02/1945

Rendez vous au 4-9 avec les garçons. Jean et Paul sont venus, tous chargés pour nous. Ils sont fous de bonté, de prévenance, ce sont vraiment nos frères. Ils nous apportent un sac tyrolien à chacune - devinaient-ils ? Ils sont remplis de bois coupés en petits morceaux pour allumer le feu ; ils nous ont fabriqué un seau, nous apportent des chaussures, du savon…chers petits frères et nous vous quittons… ils sont stupéfaits quand nous leur disons…ils ont les larmes aux yeux, s'ils étaient nos frères nous étions leurs sœurs. Devant un bock de bière, dans cette brasserie au fond d'une cave bavaroise, nous exposons les faits. La solution leur paraît raisonnable, mais ils ont de la peine à l'idée de notre départ. Jean nous dit : c'est triste, nous étions six, maintenant nous serons à nouveau tous seuls….C'est vrai notre bonheur à Nuremberg « nos garçons »….Et pourtant nous partirons.

4/02/1945

A dix heures je vais voir Jean, Place de Mayence. Il est avec la musette. Je lui remets les lettres pour nos familles[9], ils ont tout fait pour nous, ah ! ce cher Jean …J'ai écrit à Mimi et je fais dire à maman que j'arriverai en même temps que la lettre. Serait ce vrai ?

Jean a des paquets dans la main. Oh ! Jean, lui dis-je ! C'est de la folie. « Non » réplique t-il de la faiblesse. Je voudrais l'embrasser bien fort sur les deux joues, lui dire toute mon amitié, tout ce que je ressens pour lui, lui le camarade d'exil, l'ami dans la peine, le symbole du Parti à Nuremberg, le gars du nord comme Suzon, l'ouvrier de France.

Ils ont fait des crêpes et nous en apportent ; il a déniché -où donc mon dieu ! - une petite robe d'été à carreaux bleus et blancs et me l'offre. Brave Jean, va ! Je la garderai toujours votre robe en souvenir, en souvenir de la Fraternité.

Nous parlons longuement tous deux, de Martha,[10] des gars du nord, des mines, des syndicats.

J'ai tant de choses à apprendre, tant de choses à savoir, je voudrais tant donner au Parti, donner de toutes mes forces, tout ce que je pourrai.

---

[9] les prisonniers de guerre pouvaient correspondre avec leur famille

[10] Martha Desrumeaux, leader communiste

Nous parlons de la France, des évasions manquées de Paul, de la vie de Jean.

Une pluie battante, une nuit d'encre, nous trébuchons sur les pierres, nous allons nous enfoncer contre les murs démolis, qu'on ne devine pas dans l'obscurité absolue, ahurissante. Mais nos garçons nous donnent le bras, ils nous prouvent qu'ils sont encore là nos frères jusqu'au bout.

5/02/1945

Nous ne travaillons pas puisqu'en principe nous avons fait marcher nos machines toute la nuit. Elyane se met au travail. L'expédition est organisée. Elle va tailler des culottes dans des couvertures. Elle est beaucoup plus habile que moi - heureusement- elle est adroite et rapide et grâce à elle tout sera vite expédié, tranché, résolu. La chambre est indescriptible. Les tables couvertes, le plancher à peine visible sous l'amoncellement, le fourneau recouvert de linge à sécher et Elyane taille, coud.

On frappe. Ca y est. La police….inévitable… C'est la plus grande force du III ème Reich. Dès que l'on s'écarte du droit chemin, la police se dresse.

Oh ! Il ne s'agit que de la police d'usine qui vient nous demander des comptes sur notre absence de la nuit. L'imagination ne nous fait pas défaut. Nous inventons une magnifique histoire de parents d'Elyane retrouvés à Eger, ils le croient.

Nous allons faire une courte apparition à l'usine, notre histoire est crue et nous bénéficions de notre temps pour préparer notre départ.

L'après midi nous allons au Porten, un des plus grands cafés de Nuremberg et ma foi, fort joli. Lumière douce, fauteuils confortables, petites loges intimes, style moderne. L'orchestre reste absent. Les temps sont quand même au sérieux. Nous avons une petite table à quatre : Jean, Paul, Elyane et moi. Nous discutons ; nous parlons d'avenir. Elyane est comme toujours incapable de discuter, elle suit son idée sans écouter l'adversaire, s'emporte, boude. Elle en veut à Paul qui n'approuve pas son idée de faire l'occupation, elle m'en veut à moi qui pense comme Paul.

Ma petite Elyane, je t'en voudrais toujours d'avoir boudé, ce dernier après midi avec nos garçons ; l'atmosphère est tendue, irrespirable.

Quand je regarde les femmes à côté, je les vois, non pas chics comme à Paris mais convenablement habillées. Mes nippes me pèsent, je voudrais moi aussi me sentir femme, me sentir jolie…Cela va venir, bientôt…

Ce soir nous avons Nachtschicht -poste de nuit- et tout cet après-midi est gâché à l'idée de travailler cette nuit. Elyane commence à faire des allusions, je sens qu'elle m'entraîne vers la pente dangereuse. Nous calculons, on partira mercredi, va, faisons la grève. Oh ! je sais bien qu'elle a raison…

Et j'ai tant envie de rester avec les garçons ; nous sommes à nouveau à l'unisson dans la chaleur d'un petit restaurant près du Pläner.

6/02/1945

Retour à l'usine. Toutes les ouvrières nous regardent. Nous avons osé encore une fois refusé le travail… Quelle outrecuidance ! Ma contremaîtresse est verdâtre d'indignation, elle m'accueille par une bordée d'injures que ma mémoire se refuse à retracer. Le clou de la journée est certes la séance chez le Meister. Il est assis à son bureau, derrière sa cage en verre, il est tout rouge et de la bave dégouline des coins de sa bouche. La fureur agrandit ses yeux inexpressifs. Il est lancé et comme toute cette armée de petits chefs, il joue son petit Hitler et part dans des péroraisons que l'on ne saurait pourtant qualifier de cicéroniennes. On nous a vu au Porten, notre histoire d'Eger est de l'invention pure. Une allemande toujours bien intentionnée est venue lui signaler que nous étions au café…. Oh ! La police peut être forte quand la délation est aussi bien organisée, aussi bien ancrée dans les mœurs du pays.

Le pauvre Meister -il est un peu lourd- fait appel à ma conscience « d'allemande » ! Il parle des soldats au front, de l'aide que nous devons leur porter, de la nécessité de travailler pour la Grande Allemagne.

Puis changement de ton, il me menace de quatre mois de prison à la prochaine incartade. C'est à moi qu'il en veut, pourtant Elyane a manqué bien plus que moi.

Bah ! nous partons dans deux jours !

8/02/1945

Canal de Gebitzenhof. Nous voyons tous nos prisonniers pour le dernier adieu. Marcel, François, les garçons…

Je parle seule avec François, j'avais tant de choses à lui dire, je voulais en savoir tant de lui et maintenant le temps est limité. Il trouve notre équipée raisonnable. Il reste en lui de l'enthousiasme malgré les années de captivité. Il reste en lui l'étoffe d'un homme d'action. Certes je n'ai pas toujours vu très clair, j'ai fait des fautes politiques vis à vis de François, alors il faut qu'il sache que c'est moi Janine, la petite fille encore faible, souvent sottement sentimentale. Le parti, lui, n'est ni l'un ni l'autre. Certes je n'ai pas parlé en mon nom personnel et d'ailleurs je suis si intimement liée au Parti que je ne sais plus bien où mon moi s'arrête. Je lui avoue encore pour la première fois que je suis enfant d'Israël, que mes grands parents ont vécu dans les ghettos, que j'ai connu les prières en Hébreu, les chants à la synagogue, tournée vers Jérusalem, les rites mais aussi les outrages, la répression, la honte terrible. C'est une chose que je n'avoue jamais mais il me semble que par honnêteté je suis obligée de lui dire….Il faut qu'il me croit, qu'il me reconnaisse vraiment Française, qu'il ne sente en moi que l'enfant du Pays. Je n'ai jamais pensé à Sion et j'ai toujours aimé Paris.

Maintenant c'est lui qui parle ; il dit des choses que je savais depuis longtemps mais cette fois il expose les faits. Certes il a toujours estimé que le socialisme était la loi même de l'histoire mais il n'accepte pas non plus les principes de Marx et de Lénine. Il ne comprend pas l'évolution du Parti Français et nous accuse de « changer de programme », enfin il a peur du panslavisme. Certes il ne croit pas à la possibilité d'un chef russe en France mais il a peur de la main mise de l'URSS sur l'Europe. Sa position vis à vis du capitalisme est juste. Il me confie ses projets ; en rentrant en France, il ne veut s'affilier à aucun parti, ni socialiste, ni communiste. Il veut créer… je me souviens de l'avoir interrompu violemment. Nous y sommes…du « charbonièrisme » Oh ! Non encore un parti ! Recommencer la plaie de l'avant guerre.

Non, quand les prisonniers de guerre rentreront en France, beaucoup adhéreront au Parti dont ils étaient déjà membres, d'autres que les années de captivité ont fait évoluer iront s'inscrire aux grands partis déjà existants. Charbonnier ! c'est une chimère.

Voyez le travail que vous avez effectué jusqu'à présent, pas de travail de masse, des isolés, des intellectuels surtout. Nous avons voulu faire de l'action…Echec sur toute la ligne.

François m'avoue qu'il espérait me convaincre, me détacher du Parti et me faire accepter son programme. Je ris ; il paraît que Marcel pensait que ce serait facile. François n'y croyait pas trop. Je revois ma Suzon, le visage de Georgette, la promesse que je lui ai faite au camp : « Je suis jeune fille de France, jamais je ne trahirai, plutôt mourir ». Suzon, ma Suzon, crois-tu maintenant que je serai fidèle, que je ne suis pas influençable, que je suis vraiment membre du Parti.

Voll alarm…Je vais vite retrouver Elyane et les garçons, Place de Mayence. Que la ville est noire le soir ! La nuit ! Pas la moindre petite lumière ; dans les rues on trébuche, on se cogne on tombe. La place est déserte, la nuit noire, seuls les feux de nos cigarettes trouent l'obscurité. Nos voix bourdonnent joyeusement dans le noir, quand brusquement deux lumières sont braquées sur nous : « Wer da ? Aussweiss » - qui est là ? papiers ! –

Des policiers…on distingue nettement leur uniforme…les garçons sortent leurs papiers, mais ils nous entraînent vers un petit café voisin pour examiner plus attentivement leurs passeports.

Que va-t-il arriver ? Des peines de prison sont infligées pour tout rapport entre femmes indigènes et étrangers. Margarett Thomann et Elyane Schmidt sont allemandes mais à la première question, nous répondons d'un commun accord : « Volksdeutche » établissant bien la distinction entre les allemands du Reich et les annexés. On en reste aux menaces : pour les garçons, retour au stalag, pour nous la prison. Les garçons restent encore un moment avec les policiers pendant que nous sommes priées de déguerpir, et à vive allure encore.

Elyane et moi nous courons le long de la Gebitzhofstrasse, sans rien dire, le cœur triste à pleurer. Notre amitié, notre coin de France en Allemagne…

Fallait-il donc se séparer avec une telle impression…L'empreinte nazie devait-elle marquer aussi nos plus beaux moments à Nuremberg ?

C'est le 2 janvier que les choses se sont vraiment gâtées. Les sirènes se sont mises à hurler. Dans l'escalier les gens criaient, ils avaient écouté la radio et on signalait des vols d'avions ennemis convergeant de toutes parts vers le centre ville. Il valait mieux descendre à la cave. Que les avions détruisent les villes allemandes ! Qu'il ne reste plus que des pierres de cette ville qui fut l'orgueil du parti nazi !

La nuit du bombardement de Nuremberg reste pour moi un souvenir horrible : Erna et moi nous étions aplaties au sol, les épaules rentrées, les mains sur les oreilles, les dents qui claquaient, claquaient sans pouvoir les arrêter. On entendait des pans de murs s'effondrer, l'escalier de la cave était recouvert de pierres et gravats et Erna dans son énervement criait : « Merde ! Merde ! » Aucune allemande présente - chacune terrée dans sa peur- n'a réalisé qu'Erna s'exprimait en Français. Comment allions nous sortir de là ? Emmurées, vivantes…après une telle évasion ! Finalement il s'est avéré plus aisé qu'on ne l'avait imaginé de déblayer l'escalier et nous sommes remontées. L'immeuble, en partie détruit, tenait encore et puis nous sommes partis dans la ville. C'était dantesque. Des rues entières brûlaient en commençant par les toits. Des pompiers peu nombreux s'affairaient impuissants. Leurs tuyaux gisaient à plat sur le sol, il n'y avait plus d'eau : conduites gelées, ou détruites. Par endroit, on ne pouvait pas avancer : le goudron fondait. On voyait des gens qui hurlaient, sortir des maisons avec un corps tout ratatiné, tout brûlé. J'étais fascinée, partagée entre l'horreur et la joie de voir la ville détruite. Ce ne serait plus mon sentiment aujourd'hui.

Voll alarm… les sirènes hurlent désagréablement à travers la ville. Nous allons au Bunker, une foule de gens, des policiers en habit jaunâtre essaient de caser la foule énervée. Chacun joue son petit Hitler, fait des appels, des péroraisons….
Minuit, on rentre faire encore quelques préparatifs. Voll alarm….les sirènes déchirent nos oreilles.. Mais nous sommes incorrigibles « on n'a pas le temps de descendre »…les avions bourdonnent au dessus de nos têtes, longuement, lourdement, vagues tirs de DCA puis soudain ça y est : les bombes sifflent, explosent, et c'est la débandade dans l'escalier obscur, la fuite éperdue

vers la cave abri où nous sommes obligées de nous coucher à plat ventre. La déflagration se fait sentir jusqu'au fond de la cave. Nous sommes peu fières et jurons encore une fois que c'est la dernière fois, ; la prochaine fois, on ira au bunker ! A quatre heures, la sirène sonne « Entwarnung »[11] et nous allons nous effondrer toutes deux sur l'étroite chaise longue, énervées, agitées….Le départ est reculé d'un jour. Nous sommes trop fatiguées. Il faut partir avec des nerfs reposés. Ce sera vendredi comme la dernière fois….

8/02/1945
Dernière journée d'usine. Toutes nos pièces sont faussées. Tout prétexte est bon pour quitter nos machines, faire un brin de causette, s'agiter…Demain c'est fini. J'ai des billets dans ma poche. On part….en route pour la France !…Hurrah !!

9/02/1945
Quatre heures du matin…le réveil sonne joyeusement dans la chambre presque nue. Deux sacs tyroliens rebondis invitent au voyage. On est un peu énervées toutes les deux ; nous enfilons nos culottes, nos manteaux, nos sacs. On a vraiment fière allure et de s'admirer mutuellement. Je ne sais pas pour moi, mais Elyane a vraiment une allure martiale, véritablement un mousquetaire.

---

[11] fin de l'alerte

Un mot dans la boite pour cette brave Madame Ponsel qui ne comprendra pas, les clés sur la table et vivement on referme la porte. Une page de l'histoire est tournée. Un nouveau chapitre commence.

Le bombardement d'avant hier a de nouveau endommagé les voies ferrées et nous sommes obligées d'embarquer à Schweinau, dans la banlieue. Au Planer, au moment de prendre le tramway, une femme nous demande si nous faisons partie de la Wehrmacht. Aurions nous maintenant une allure militaire ?…Il y a loin de nos pauvres pieds fatigués, de nos jambes gelées dans la tourmente de neige ….Maintenant ce n'est plus une évasion, c'est une marche.

Les gens sont nombreux à présenter leurs billets au contrôleur ; énervées et effondrées, nous enjambons froidement la barrière et allons nous planter sur le quai. Je chantonne mais Elyane soutient que le vendredi, ça porte malheur. Deux minutes après, elle chantonne elle aussi. Nous sommes si heureuses…

Chapitre 11
De Nuremberg à Heidelberg

En ces journées froides de février 1945, nos cœurs ont bondi de joie quand le train s'est ébranlé, Nuremberg était un chapitre terminé : une nouvelle aventure allait commencer. Erna connaissait le nom et l'adresse d'un agent double à Stuttgart, c'est là qu'il fallait aller pour continuer la lutte.

Quand le train après de nombreux arrêts imprévus, dus aux alertes aériennes, entre en gare de Stuttgart, nous ne doutions plus de rien.

Le désenchantement n'allait pas tarder.

Le spectacle de Stuttgart bombardée était désolant : maisons écroulées, rues obstruées. Façades ouvrant leurs béances sur le vide, nous avons trouvé la rue quand même : hélas, tout n'était que ruines. Des pierres et des fragments de béton enchevêtrés témoignaient de l'existence d'immeubles et de maisons ayant existé. Mais plus rien, silence total, personne à qui demander quoi que ce soit.

Certes notre désarroi était grand mais nous avons continué notre marche vers l'ouest. Il n'y avait plus qu'à franchir les dernières lignes de défense allemandes et de pénétrer en territoire français. En rêve, nous y étions, la réalité fut tout autre. Nous avions un peu d'argent, des papiers d'identité faux, certes, mais qui nous permettaient d'affronter les contrôles ferroviaires. Nous avons franchi le Rhin sur un pont non encore détruit, c'est le nez collé à la fenêtre que nous avons contemplé le fleuve : c'était presque le symbole de la délivrance, nous étions si émues que nous n'avons pu prononcer une parole.

A Ludwigshafen nous pensions qu'il suffisait de marcher en direction de la Sarre pour arriver en France. Dès que la militarisation des zones se faisait plus intense, nous étions refoulées par des soldats : zone interdite à la population civile. Pourparlers, mensonges, sourires, rien n'y fit. Nous étions encore prisonnières de l'Allemagne et nous avons repris notre marche sans savoir où nous allions. Cette région du Palatinat ressemblait à l'Alsace. Landau nous a semblé être une jolie petite ville : les bombardements ne l'avaient pas encore transfigurée. Il y avait des soldats partout et nous avons eu peur de nous y arrêter, encore un effort et nous avons atteint Neustadt an der Weinstrasse : localité trop petite pour dissimuler notre passé : idée juste ou fausse ?

C'est Heidelberg qui sera notre dernière étape, toujours parcourue à pied.

Arrivée dans la ville hôpital, nous savions maintenant nous débrouiller à la police et à l'office du travail. Pour être sure d'avoir à manger nous nous sommes déclarées cuisinières et ça a marché : on a été toutes les deux affectées comme aide cuisinières dans les hôpitaux.

Chapitre 12
A Heidelberg

Heidelberg, ville Hôpital a été protégée des bombardements : sur tous les toits, il y avait des croix rouges !

J'avais une fausse identité : Katherine Baesch, une fausse profession : aide cuisinière la Chirurgische Klinik. Mais ce fût le paradis de l'évasion.

Certes le sentiment d'identité superposée à la sienne n'est pas facile à supporter, mais je m'habituais à m'exprimer dans une langue qui n'était pas la mienne, je parlais peu et je tachais de ne pas penser à mon passé.

Ce passé par instants m'apparaissait merveilleux et je rêvais plus d'Aix les Bains que de mon Alsace natale.

Cette profession d'aide cuisinière avait tous les avantages : nourrie, logée. Certes Erna Elyane était dans un autre hôpital mais nous pourrions nous voir le dimanche.

On m'a conduite vers ma chambre. Ce fut éblouissant, je n'avais même plus rêvé qu'il puisse exister tant de propreté.

Certes c'était une chambre pour quatre mais les murs étaient d'un blanc luisant, le plafond d'un blanc immaculé mais mat, quatre petits lits à côté desquels il y avait une table de nuit ; j'avais oublié que cela pouvait exister : le luxe d'une table à côté de son lit, je n'avais ni montre, ni réveil, ni livre. Je ne savais pas ce que je pourrais y poser mais j'étais ravie. Il y avait aussi quatre petites armoires et le parquet, peut être faudrait-il dire le plancher était ciré. Bien sûr je pensais au camp, aux blocks immenses, au sol de terre battue, aux lits superposés, aux punaises, aux couvertures minces et sombres.

A côté de la chambre il y avait une salle d'eau. On pouvait se doucher à l'eau chaude.

Ah ! Que c'était bon de sentir l'eau couler sur son corps. Cette propreté retrouvée, quelle liberté ! C'était l'ivresse de l'eau ! Et quand je me suis étendue dans des draps blancs et propres, sous un duvet chaud, j'ai senti monter en moi l'émotion : savoir toutes mes compagnes encore au camp dans le froid, la peur, la faim, et puis insidieusement dans le luxe retrouvé j'ai senti mon enfance douillette, un goût de lit chaud et de tendres baisers maternels.

Le lendemain - en février 1945 - le travail à la cuisine commence.

Là aussi installation moderne. Tout reluit de propreté.

On nous donne des tabliers à carreaux minuscules bleus et blancs qui enveloppent tout le corps. Sur la tête obligatoirement un « Kopftuch »[12] qui cache les cheveux.

---

[12] « un fichu »

Attenant à la cuisine il y a une petite salle pour éplucher les légumes . Nous sommes environ une demi douzaine à bavarder tout en épluchant vite, très vite des pommes de terre.

Je suis assise à côté d'une vieille femme, du moins me semblait-elle vieille, car elle avait les cheveux blancs. Doucement dans un murmure, elle me désigne avec la pointe de son couteau une jeune femme enceinte et dit « Méfie toi, on ne la connaît pas ». Etait-ce un avertissement pour me dire que moi non plus on ne me connaissait pas ? Etait-ce le résultat de la propagande affichée sur tous les murs, à la clinique et dans les rues « Der Feind hört mich ». [13]

Le soir dans la chambre, la jeune femme a son lit à côté du mien. C'est elle qui me parlera et me dira « Méfiez vous de la vieille femme : elle est fausse ».

Je me méfierai d'autant plus des deux que la jeune femme m'explique que son père est lieutenant chez les S.S, que sa mère travaille dans les bureaux de la NSDAP (Nazional Sozialistische Deutsche Arbeiter Partei), qu'elle même avait travaillé dans la Wehrmacht ; son travail l'avait conduite en Hollande mais les Hollandais lui étaient peu sympathiques ; elle avait été en France aussi mais les Français étaient paresseux et sales. J'ai tout intérêt à me taire.

A la cuisine le travail est plus dur qu'à l'épluchage. On m'installe devant un énorme autoclave où je dois remuer la semoule au lait. C'est terriblement dur. Je suis trop petite. On

---

[13] « l'ennemi vous écoute »

m'installe comme la plupart de mes compagnes sur un petit tabouret. Aujourd'hui je sais que dans l'imprimerie on appelle ces tabourets des « hausse-mioches ». C'était terriblement dur de tourner quand la semoule épaississait et c'était dur aussi de nettoyer les autoclaves. Il fallait qu'ils soient comme neufs.

Mais que dire ? un repas nous était servi dans une petite salle. Ce qui était extraordinaire : en pleine guerre on mangeait à sa faim. Les premiers jours , je ne pensais qu'à ces satisfactions essentielles : manger, dormir. J'étais même contente de travailler, j'oubliais la guerre, j'aimais les machines de la cuisine ; celles qui coupaient, écrasaient, quelquefois même épluchaient. Et pourtant, les avions vrombissaient au dessus de nos têtes et la guerre continuait.

Souvenirs d'Heidelberg (écrits à Heidelberg)

En arrivant dans une ville telle qu'Heidelberg, on reste ébloui devant la richesse des étalages. On dit « Enfin une ville allemande où il va être possible d'acheter quelque chose » Oh ! vanité ! Du papier à lettres, impossible ; j'entre dans une pharmacie, la queue…les crampes d'estomac me torturent, je me sens faiblir de douleur : pour l'estomac, rien, pour la toux, rien ; la femme qui me précédait, rien ; le soldat qui me suit, rien.

« Ganterie, colifichets » je me précipite : magasin glacé, rayons vides, la marchande « Heil Hitler ! »…

« Inutile de demander, Madame, nous n'avons plus rien… »

« Pourquoi ouvrez vous alors ? »

« Je ne sais pas… »

Magasin de cuir : il me faut absolument un portefeuille quelconque.

« Non plus rien.. »

« Mais alors votre vitrine… »

« Ah ! c'est pour la vitrine, en rayon nous n'avons plus rien. »

Vieille ville universitaire, librairies nombreuses : aucun dictionnaire, pas un classique, plus un seul livre scolaire . Nous ne recevons plus rien et d'ailleurs on n'édite plus rien.

Dans les journaux, « Nous gagnerons la guerre ».

Promenade du soir

A la clinique travaille un mulhousien ; nos origines communes nous amènent à sortir ensemble ; il a la réputation d'un germanophobe ce qui me donne une confiance relative. En réalité, il n'aime ni les Français ni les Allemands. Encore un de ceux qui sont persuadés que l'Alsace est le nombril du monde, à la fois Cythère et Perfection. L'allure d'un gringalet, il pue la prétention, il est mal élevé, jureur… comme un mulhousien. Il n'a cherché qu'à faire l'amour avec moi ; devant l'impossibilité, il se retourne vers lui même et fait le paon. Seule une alsacienne serait digne de lui car il lui faut une femme qui sache faire un fricot, raccommoder des chaussettes, cirer des chaussures. Une Française ne saurait que se farder. Pauvre homme !

Rencontre. Un soldat allemand, mince, distingué, la voix légèrement chantante, traînante. Il me parle de la Sehnsucht[14] vers le Sud qu'ont tous les hommes du Nord, il est sensible à la beauté et rêve encore de la Riviera, San Remo, Nice. Il souffre de la guerre, et parle des responsables : l'éternelle classe responsable. Il est blessé, mutilé pour la vie et dit « Pourquoi la guerre ? »…. Oui, pourquoi la guerre ?

1/03/1945
La maison a de nouveau tremblé. Les avions sont là durant tout le jour et une partie de la nuit. Le ciel est noir de la fumée des incendies : Mannheim et Karlsruhe brûleraient.
Quand je songe à l'état dans lequel ces villes sont, qu'ils payent. Ils veulent la guerre, qu'ils l'aient. Goebbels a parlé hier au soir : « Plutôt mourir que capituler ». Eh bien qu'ils meurent ! Il faut cependant admirer leur énergie, leur force de résistance. Maintenant il y a aussi la force d'inertie du peuple, l'absence totale d'organisation politique. Ils sont capables de faire de grandes choses, le monde ne saurait vivre sans l'Allemagne. Ils ont une capacité de travail

---

[14] nostalgie

prodigieuse ; ils ne connaissent que cela : le travail ; le plaisir, le repos, jamais.

Il ne faut pas s'étonner si nous avons tant souffert dans les camps, aux travaux forcés, même ici ce sont de vrais brutes. De l'aube, jusque tard dans la nuit.

Parfois l'une ou l'autre pousse un soupir, dit « oui en France il paraît qu'on est mieux, qu'on ne souffre pas tant ; nous on ne connaît que le travail et d'abord il y a eu le chômage et maintenant la guerre. Après ce sera encore pire »...Et elles se replongent sur leur tâche. Je suis allée voir Elyane et j'ai eu « l'heur » de faire connaissance avec la milicienne. Elle parle avec crainte des « terroristes » Ce seraient des communistes qui voulaient les massacres...Dommage qu'ils n'aient pas réussi : elles ne perdent rien pour attendre !

Je pense à la façon de manger des allemands. Depuis que je suis en Allemagne toutes mes conceptions sont renversées. Avant j'imaginais un Fritz gras et rose s'attaquant à un plat énorme de choucroute, de saucisses et de patates. Premièrement ils n'ont jamais de gros plats et ne font jamais de grands repas : ils grignotent toute la journée. Ils mangent beaucoup de pommes de terre, leurs façons de les préparer sont limitées mais ils adorent les pommes de terre au sel et raffolent de salade de pommes de terre qu'ils mangent tiède. Ils font les « knödel » que nous ne connaissons pas chez nous : amalgames de pain ou de patates qu'ils pétrissent en boules et jettent dans l'eau bouillante. Ils font une consommation de saucisses, de saucisses à tartiner en particulier. Ce qui me renverse c'est qu'ils donnent de telles denrées à des bébés. Les tout petits mangent de la saucisse avec du pain. Le vendredi toute l'Allemagne mange des plats sucrés : de la semoule sucrée surtout ; au camp, à l'usine, à l'hôpital, ici à la cuisine …les réflexions faites à ce sujet sont sans doute erronées étant donné les conditions alimentaires dans lesquelles nous vivons actuellement.

3/03/1945

Il faut cependant remarquer à leur honneur qu'ils ne sont ni tous des imbéciles ni tous des nazis. Ce matin à la cave, plaisanteries diverses et assez lourdes sur « la victoire imminente ». Marie me dévisage, attend avec anxiété si je vais partager l'hilarité générale ou si mon visage va se faire sévère. C'est à elle que j'ai expliqué que toute la famille Braesch était inscrite au livre d'honneur des S.S. Ce soir à nouveau elles m'interrogent : elles se refusent à comprendre qu'une Alsacienne ait quitté le sol natal. Et je repends l'histoire des S.S. et la Prusse de ma mère. Hochements de tête. Et vous ? Alors je les rassure, je ne m'occupe pas de politique et mon fiancé n'est guère national socialiste. Et les deux autres de continuer : voilà ce que c'est…des alsaciens, se mettre chez les SS. Quand même…maintenant vous le payez ! Ah ! si elles savaient ! seule la toupie de ma chambre croit à la victoire…Le peuple refuse de croire, mais il se méfie et attend….

4/03/45

Se réveiller la première, attendre qu'il ouvre les yeux, l'embrasser.

4 Mars, anniversaire de mon petit frère. Aujourd'hui tu as vingt et un ans. Mais il n'y aura pas de cadeau, pas de biscuits roses où l'on souffle les bougies, il n'y a qu'une famille dispersée et la guerre. Que fais-tu mon petit Raymond ? Je regrette l'attitude hostile du temps de mes prisons. Je suis sûre que tu te bats quelque part sur les terres d'Alsace ou d'Allemagne. Et, là bas sous le ciel de Provence, Maman use ses yeux à force de larmes parce que les hommes sont fous et que ses enfants sont le jeu des évènements. Le massacre semble plus fort que la volonté des mères.

A Nice je pouvais te dire, t'offrir, t'embrasser : tu avais treize ans et c'était la paix.

A Vesoul, à Chambéry, je pouvais te voir, t'écrire : tu avais quinze ans et c'étaient les soucis. A Lyon, j'ai pu te dire, tu avais vingt ans et c'était la guerre.

Aujourd'hui je ne peux plus rien, sauf communier par la pensée, nous retrouver aux côtés de notre mère, tu as vingt et un ans et c'est le massacre, c'est l'exil.

Mais mon petit frère chéri, c'est aussi le printemps, le renouveau, l'espoir.

Connaissance plus sérieuse avec la milicienne. Faudra-t-il donc attendre encore longtemps pour exterminer cette vermine ? Elle nous a parlé -en quels termes !- du soulèvement national. Avoir lutté et ne pas avoir assisté, ne pas avoir participé …là a sûrement été le plus dur de la déportation en Allemagne. Cette femme a une éducation politique à peu près nulle ; je lui pose la question suivante : « Vous êtes contre les communistes mais au fond que veulent ils ces gens là ? » Réponse : « Voilà les choses sont à peu près les mêmes c'est à dire que eux ils veulent mais ils n'appliquent pas et en plus (c'est le bouquet) ils veulent un chef de Moscou »…Pour une réponse c'est une réponse ! Lors du soulèvement national, elle semble craindre particulièrement les FTP, tu entends ma Suzon ? et beaucoup moins les gaullistes. Elle constate les progrès énormes du communisme en France et de son extension en Angleterre. Le monde nouveau est né.

Connaissance d'un jeune soldat : Pierre, de Nuremberg. Personnalité aucune. Son frère est mort au front, sa mère ensevelie quatre jours sous les décombres de leur maison, et lui grièvement blessé. Histoire de milliers de familles en Allemagne. Il garde -comme tous- un souvenir inoubliable de la France- leben wie Herr Gott in Frankreich-[15] et considère que la meilleure façon de servir la patrie est encore de se planquer.

---

[15] « vivre comme le seigneur en France »

Dix sept heures : à la Stadthalle, fête ou plutôt réunion de la SNDAP pour le vingt cinquième anniversaire de la proclamation du programme du parti. Les gens arrivent peu à peu et tous -même les femmes- font le salut fasciste -Heil Hitler !-

La salle est loin d'être pleine, en tout trois cent cinquante personnes environ et la ville est grande. Caractère frappant : presque aucun soldat ; la Wehrmacht est à peine représentée par un ou deux éléments. Des membres de l'organisation TODT vieux et chenus, des vieillards, des femmes qui portent l'insigne à croix gammée, presque pas de jeunes filles, aucun S.S. et enfin au moment de l'ouverture un certain nombre de soldats des chars d'assaut, tout de noir habillés et tous blessés : jambes en moins, mutilés des bras, blessés de la face horribles et grimaçants qui sont vraisemblablement chargés de la police de la salle. Sur l'estrade, l'orchestre s'installe : toile de fond une immense croix gammée, de chaque côté quelques fanions rouges portant toujours cette même croix gammée noire sur un cercle blanc. L'orchestre joue d'abord : « L'ouverture d'Egmont » de Beethoven. Je me souviens du vers de Baudelaire « La musique me prend comme une mer ». C'est encore plus ou alors la mer quand on se noie, quand il ne reste plus rien de soi, même quand on devient eau. Les croix gammées s'effacent, s'éloignent ; la salle se vide, il ne reste que moi et la musique ou mieux encore que la musique. Je revois l'Egmont de la légende, j'entends la révolte qui gronde, je la sens en moi, elle qui ne s'est jamais apaisée, la musique invite, appelle, pousse. Je m'exaspère d'inertie. Le comte se lève, les Flandres se révoltent contre la tyrannique Espagne.

Mais n'entend-t-on pas aussi la voix de l'Europe qui va faire expier l'Allemagne ? Selon les thèmes de l'ouverture, les deux leitmotiv -la révolte et l'amour- s'interfèrent, on sent le cœur d'Egmont vibrer pour Marguerite.

Et alors je revois Jean[16], je revois sa haute taille, ses blonds cheveux, je ressens en moi sa gentillesse, j'embrasse ses lèvres que j'ignore presque. Jean, mon petit Jean, fiancé de mes rêves, fiancé de folie, fiancé des nuits de prison, te douteras-tu seulement un jour de ce que j'ai pensé à toi ? Sauras-tu les promenades évoquées et jamais faites, les souvenirs inventés et jamais oubliés, sauras-tu que je t'aime dans l'exil, dans la misère, dans la solitude ? Il y a , je crois, une vague histoire, un souvenir fou de visiteurs du soir et le néant et ma folie. Tout cela le sais-tu ? En entendant Egmont, te souviens-tu de la révolte préparée et de cet amour qui fut et n'a jamais été.

La musique s'arrête, les gens applaudissent peu, ils ne connaissent pas l'enthousiasme.

Une voix s'élève : on lit les vingt cinq points du programme hitlérien. Il est salué par un silence de mort et la musique recommence : Beethoven , toujours.

Mimi, ma petite Mimi, vois-tu j'ai changé, je crois que je n'aime plus la musiquette. Maintenant, je comprends mieux Beethoven, c'est

---

[16] Jacques, de son vrai nom. Jean était son nom dans la résistance. Un ami de la fac de Grenoble.

le portrait de Liszt que j'ai accroché au dessus de mon lit et c'est de Bach dont je rêve. Ma petite Mimi, nous irons écouter ensemble ? N'est ce pas ? Quand irons nous toutes les deux salle Pleyel ? Ah ! quand sera t-il permis de revivre ?

Les gens n'applaudissent pas entre les différents mouvements. On attend la fin pour saluer.

Et le discours commence. Cette fois c'est un habit vert. Il ne cache pas le sérieux de la situation mais reprend le mot de Ribbentrop : « Nous combattrons même avec les couteaux ». Il rappelle les cruautés de l'ennemi, les bombardements horribles et prêche la haine contre les bolcheviks et les judéoploutocrates occidentaux. Nous sommes tous des soldats, dit-il, nous devons tous lutter, nous ferons vivre l'Allemagne. Il est interrompu quelquefois par des applaudissements et quand il termine c'est une véritable ovation.

Je suis désemparée, bouleversée ; il vient de leur dire qu'ils n'ont pas à être fatigués de la guerre (Kriegsmüde). Ne le sont-ils donc pas ?

Je suis obligée de faire appel à ma raison pour voir que j'ai à faire à une bande de fanatiques, poignée si peu importante vis à vis de la masse. Des gens sont sortis tout de suite après le concert, d'autres sortent maintenant mais l'orchestre reprend, le chant national et le Horst Wessellied. Je me lève comme eux tous et quelle n'est pas ma stupéfaction, ils lèvent tous la main droite, ils saluent à la fasciste. Je me fais remarquer, je lève la main, j'écoute l'hymne sans chanter et pour cause, et je revois l'appel, là bas au camp : les pauvres copines, si vous me voyez, saluer à la fasciste…et les larmes ont giclé, c'était trop .

Je ne veux plus savoir et je vais au cinéma, toujours seule.
Cela m'est égal. Je ne souffre pas de la solitude au contraire elle m'apaise. Je sens maintenant que je fais ce que je veux. Je marque un triomphe. Ma volonté est plus forte. Mais n'y a t il pas le danger d'un caractère trop indépendant ? Indépendance dont l'égoïsme profite ? attention…
On joue Philarmonicer et, ma foi, un film qui n'est pas mal du tout, ce qui est rare pour une pièce germanique. Il s'agit d'une histoire d'amour quelconque entre une femme et deux frères musiciens de concert philharmonique. L'histoire n'est là que pour donner l'occasion à l'orchestre de jouer et ce sont les merveilleux accents de Beethoven, Liszt, Bruckner…Avant le film, une espèce de documentaire de propagande sur les mutilés de guerre, leur moral, leur travail malgré les traces horribles de la guerre. Comment peuvent-ils montrer cela au cinéma ? C'est si laid ! Et je revois les caves de l'hôpital, les lits près des lits, ainsi toujours sans fin, les appareils qui ne se terminent plus, les visages crispés, les yeux pleins de fièvre et d'angoisse, les gémissements, les cris et les tuyaux à la demande- y a t-il des avions ? Ils souffrent sûrement autant que les nôtres dans les hôpitaux de France…toujours la guerre.
Et je rentre dans la nuit noire, noire sans lumière, n'étreignant que le vide et repensant à toi, mon

petit Jean, te parlant, t'embrassant, m'endormant sur ton épaule. J'ai tellement besoin de rêve.

6/03/1945

Des inscriptions sur les murs :

« Plutôt mourir qu'être esclaves »

« Le führer commande nous obéissons »

« Vers la victoire avec le führer »

« Malgré tout nous vaincrons » etc.…

Inscriptions à la craie, jamais effacées. Y a-t-il donc encore des gens qui croient à cela ? Ah ! Nos inscriptions à nous , on nous les effaçait chaque jour et chaque nuit nous recommencions, malgré les flics, malgré les arrestations, malgré le danger. Je suis appelée à la Verwaltung[17] : simples formalités, mais toujours la même anxiété, la peur de se tromper dans les dates. S'ils savaient ! Paperasserie sans fin : caisse des malades, carte d'invalide, carte d'impôt, caisse des comptes, livret de travail…Le bouquet - il faut s'attendre à tout- c'est l'arbre généalogique. Est-on de race aryenne ? Ou y aurait-il l'approche d'un juif dans le sang de la famille ?

Ô peuple descendu si bas , se peut-il que la bêtise ait pris une forme tellement officielle !

Et la France de Pétain avait fait de même…A la faculté il m'avait fallu remplir des feuilles analogues pour avoir mon inscription, pour faire partie des 3% d'élus et j'ai été arrêtée à Annemasse pour ce fameux tampon…

---

[17] administration

110

Au cinéma, « Meine Tante » comédie amusante, rythme de musique moderne, presque américaine.

7/03/1945

Cette bande d'oies m'en veut parce que je fredonne sans arrêt des chansons françaises.

Elles parlent de l'Alsace, déclarent que les Alsaciens ignorent ce qu'ils veulent. J'écume, je sors de mes gonds, Ah ! elles veulent que je chante en Allemand !

Non, Mesdames, les Alsaciens savent parfaitement ce qu'ils veulent et j'entonne superbement « Vous n'aurez pas l'Alsace et la Lorraine »..mais ici je dois encore me taire, peut-être plus longtemps il faut savoir encore être Katherine Braescch, allemande dont les deux frères sont chez les Waffen SS.

Je pensais à Nelly , ce matin, en chantant « J'ai toujours cru qu'un baiser, plaisir d'amour… » Petite fille qui riait tant, qu'aurais-tu fait en Allemagne ? Sauras-tu comprendre ton François quand il rentrera de ces longues années de captivité ?

Le seul plaisir de la journée est de retrouver le papier ami, de lui confier mes pensées, de voir courir la plume sur le papier. Cela me rappelle Grenoble, mes cours, Jean, Mimi, Pierre, Maman. Les bonnes femmes de ma chambre lisent les stupidités de la presse nationale socialiste et parlent de s'ouvrir les veines en cas d'invasion soviétique.

Ah ! vous ignorez Karkov, les déportations des Ukrainiens, les massacres de Pologne, l'horreur d'Auschwitz, les atrocités des camps de concentration ?

Ah ! pauvres Allemands, vous êtes trompés, bernés, dupés et vous ne cherchez pas à voir…Onze heures du soir, dernière alerte.

Conversation avec une jeune allemande, de dix huit ans, ravissante, type espagnole mais elle est de pure race prussienne. Elle aime l'Allemagne et son enthousiasme me plaît. Elle semble assez cultivée et parle avec amour de Goethe. Elle n'a aucune haine contre les Français et compare les deux peuples : elle classe le peuple Français sous l'étiquette « sterbender Volk »[18] à cause de la dénatalité croissante, connaît sa richesse, le caractère heureux de ses habitants et parle de la force de travail des Allemands. Eux ne connaissent que ça : le travail. C'est vrai, chaque jour davantage, je m'en rends compte ; toujours travailler, les douze heures par jour n'étaient pas exceptionnelles au camp. Quant à la nourriture, ils ne sont pas difficiles ; certes ils récriminent contre les restrictions grandissantes, mais on sent que même en temps de paix, ils n'ont pas connu nos gourmandises, et le plat unique sans pain ne les gêne pas.

Réflexion curieuse : ma vie double me gêne de moins en moins, je crois aux histoires que je raconte. La dernière me semble satisfaisante pour faire l'étoffe d'un roman…. Je suis de père alsacien, tendance Française et de mère

---

[18] Le peuple qui va mourir

allemande, voire prussienne. J'imagine l'antagonisme qui les sépare, le drame de famille entre la mère qui pousse ses fils dans les bras de l'Allemagne et le père qui tient à faire de sa fille une Française. Je vois cette fille en Allemagne, à cause des évènements, je vois son trouble, son incompréhension, son hésitation entre les deux pays presque toujours ennemis.

8/03/1945

Mes pieds s'agitent, je me sens reprise par l'envie de partir. J'ouvre le journal, je consulte la carte, Düsseldorf, Cologne. C'est encore trop loin.
Je vais voir Elyane, elle aussi s'agite…il y a un espoir.

10/03/1945

Midi ! Fatigue horrible, soif dévorante. Ah ! quel pays, jamais un verre sur la table !
J'ai une envie folle de Champagne. Ah ! Papa quand donc ouvriras-tu une bouteille ? Maman dira « Simon, voyons fais attention au lustre » et nous les enfants, nous crierons « Si ! Papa ! Fais tout sauter ! » Toujours en Allemagne, cette envie de Champagne, de vrai vin de France.
Jean, mon petit Jean, boirons nous du vin tous les jours ?

Pauvres copines, vous qui avez presque toujours de la fièvre, vous qui êtes tellement fatiguées que votre esprit peut à peine évoquer, comme je voudrais que le vin coule à flots pour vous, ce champagne divin. Quand donc nous réunirons nous sur la terre de France pour boire la folle liqueur ? Pour s'enivrer joyeusement ! Ah ! Beaune, Bourgogne, Bordeaux, Champagne... Savez vous ce que vous nous faites ressentir en exil ? Ici ils ne boivent jamais, en temps de paix, de la bière mais pas tous les jours. C'était trop cher, me dit Hannelise, petite paysanne de Wurzburg. Ce matin au petit déjeuner, conversation entre Gertrude, petite paysanne également mais de la région d'Heidelberg et Agathe, femme de cinquante trois ans.

Gertrude : « Il paraît qu'il y aura à nouveau une inflation, mais moi j'économise quand même ».

Agathe : « Moi aussi j'économise mais ce sera dur de perdre. Je n'ai encore rien acheté. D'abord il y a eu la grande guerre, puis l'inflation ; après j'ai eu faim pendant le chômage, maintenant j'ai quelques sous mais je ne peux rien acheter parce que c'est à nouveau la guerre. »

Vie dure que celle des travailleurs allemands ! A force de vivre avec eux, on apprécie leurs qualités : travailleurs, sérieux, économes. En régime socialiste, ils seraient capables de grandes choses ! Maintenant en les louant, je revois les copines au camp qui souffrent tant sous le joug des S.S. Voudront-elles encore croire qu'il y a aussi le peuple ? Une des bonnes choses que le régime national socialiste a amenées est l'extension des sports. Tous les jeunes nagent, tous les jeunes font du ski. Aujourd'hui tous les jeunes du monde font la guerre ou souffrent.

11/03/1945

Rencontre de deux Français, enfin… Anciens prisonniers, devenus travailleurs pour l'Allemagne, pères de famille, l'un de Paris, l'autre de Normandie.

Hélas et toujours la même impression en parlant à des prisonniers, la vie est morte en eux. L'enthousiasme est éteint, on a beau parler, ils ne prennent pas feu. On sent les hommes qui rêvent de pantoufles, coins du feu, voulant vivre la vie tout au plus à l'écoute du poste de TSF. Pauvre Charbonnier, je pense à vous et je comprends les difficultés innombrables qui ont du gêner votre route. Leurs chambres sont les mêmes dans toute l'Allemagne. Froides, carrées, soldatesques, la femme et les gosses au mur, des livres dans un coin et rien. Rien que l'exil, la peine, les désirs refoulés ou à peine exprimés…

12/03/1945

Enfin j'ai relu un livre « La tragédie du retour » de Binet Walmer, journaliste écrivant dans « Le journal ». Histoire assez bien écrite et assez captivante. Je me suis littéralement jetée sur le bouquin. J'ai lu avec amour, de la première ligne à la dernière, sans m'arrêter. Je croyais être chez moi, la gamine exaltée qui n'en finit pas de lire, qui pleure, s'attendrit, vit les personnages. Et je m'énerve, je voudrais tout lire, encore et toujours et apprendre.

15/03/1945

J'ai été, je suis encore malade. Ma pauvre Janine, tu me fais honte, je croyais être dure à la douleur, en réalité, je suis hyper sensible.

Les surhommes pour moi sont ceux qui ont créé pendant qu'ils ont souffert. Montaigne a souffert de la gravelle pendant qu'il écrivait ses essais et cela toute sa vie, celle de Pascal n'est que souffrance et création. Beethoven pensait une musique alors qu'il était sourd. Ostrowsky ayant perdu la santé, la vue, continuait à écrire et à donner au Parti.

Je me rends compte de la faiblesse humaine, de ses errements, je suis consciente de ma faiblesse. Un coup de bistouri dans un doigt suffit à me faire perdre connaissance. Le réveil…des coups de marteau qui semblent briser la boîte crânienne, je sens des bras qui me happent. En réalité les doctoresses et Elyane qui me lèvent et je veux me débattre…Je suis encore dans la demi-conscience et je me souviens de l'arrestation, d'Attila. Je ne veux plus. Puis je m'énerve, je me suis verschlaffen[19]… et enfin la conscience revient…

Toute la journée, je me suis évanouie, je sens en moi les traces maudites du camp, je me sens si faible et c'est là que je m'aperçois des traces d'orientalisme qui subsistent malgré les longs siècles de vie occidentale. Est-ce l'atavisme ? Il

---

[19] endormie

116

me semble que je me laisse aller à mon corps, à sa faiblesse. Il me faut des efforts prodigieux de volonté pour vouloir vivre-quand je suis malade-il y a vis à vis de la mort une espèce de nonchalance aimable. Mais heureusement il y a Descartes et il y a le Parti.

Vu des lettres du front. Toujours même moral : soldats découragés. Sans nouvelles des leurs ou alors famille tombée victime des bombardements. Toujours les avions. La gare a brûlé aujourd'hui mais on a tellement l'habitude !

Rencontre : soldat de Trêves…lui aussi en a assez. Tous … « Mais la danse infernale et macabre continue » [20]

19/03/1945

On sent le front tout proche. Les avions tourbillonnent au dessus de nos têtes abasourdies de sept heures le matin jusqu'au soir. La nuit n'est guère plus tranquille : bruit de moteurs, explosions de bombes mais surtout leurs sifflements, toc-toc régulier des mitraillages, bruit plus lointain mais ininterrompu du canon… bruit de la délivrance qui se rapproche.

Toutes les autos sont camouflées avec des branchages de sapin et les blessés ne cessent

---

[20] les Tropiques P. Lagarde…note du manuscrit original

d'affluer à la clinique. Corps tordus de douleur, mains crispés sur les civières, cris, gémissements, plaintes infinies et du sang partout, sur les barres, sur les brancards, on essuie, on lave mais le flot est ininterrompu et toujours le sang des hommes se mêlent à la poussière du sol et des choses.

Dimanche, jour de congé bi-mensuel.
Les mauves et les jaunes de l'aube s'effacent, se confondent avec la brume. Celle-ci entoure de sa robe protectrice et enveloppante les arbres qui s'éveillent au printemps. Huit heures trente, le soleil est déjà assez puissant et d'un geste magistral écarte violemment les rideaux de brume, inonde de sa lumière la terre qui verdit et les premières fleurs de l'arbre qui s'épanouit. On sent la vie, la sève qui monte, la jeunesse de sa chair et je pars dans le frais matin aspirer les senteurs de violettes, l'eau verte du Neckar. Les oiseaux pépient à peine, le canon les effraie.
Hélas Elyane n'a pas l'air de comprendre la grandeur des matins qui se lèvent. Il est presque dix heures mais elle est toujours dans son lit, avec un livre, le rideau noir tiré, l'air confiné, empesté. La joie de la revoir est toujours amoindrie par la non concordance de nos tempéraments, par l'absence de cette harmonie que nous avons cherché à créer et qui n'a jamais vécu qu'artificiellement.

Visite du château d'Heidelberg, blotti sur le flanc de la montagne, ses masses de grès roses dominent cependant les toits gris de la ville, les ponts du Neckar et les vieux murs de la ville regardent toujours la plaine du Rhin au loin, la conquête, la menace, l'invasion...Poésie des vieux murs, des vieilles pierres, pierres du passé, pourquoi parlez vous si bien ? On sent l'âme du moyen âge, salle des chevaliers, chapelle, galerie des dames, tours de garde. On voudrait être seul, pourquoi tous ces visiteurs, ces curieux, ce guide qui parle d'ailleurs fort bien...Qu'importe les dates et les faits, la vétusté de la muraille est cachée par le feuillage qui grimpe, la nature se mêle aux pierres, le rêve ne veut pas de la réalité. Minutes, folie...les raisonnements rationalistes viennent vite balayer la douceur de l'évocation.

Les souvenirs : Esmonin[21] : « L'historien doit être impartial », Halphen « Des faits et des faits seulement » Halphen, le grand Halphen qui m'a pourtant fait tant rêver...

Il est un art en Allemagne que nous ne connaissons pas chez nous : la décoration des fourneaux de faïence et de porcelaine. Le climat explique facilement la présence chez l'un et l'absence chez l'autre. Ces fourneaux sont immenses, ils effleurent le plafond. C'est le meuble le plus important de la pièce on peut s'asseoir autour de ses flancs ; ceux d'Heidelberg semblent être spécialisés dans la gamme des verts, vert pomme, fondant tous les verts de la nature en un seul.

---

[21] Esmonin et Halphen : professeurs d'Histoire de la faculté de Grenoble

J'ai interrompu la lettre à cause des extravagances de mon doigt qui me fait souffrir et m'empêche véritablement d'écrire. Les avions sont infernaux : c'est le mitraillage ininterrompu des lignes de communication. Les blessés affluent. Oh, images de la guerre, vous vous effacerez un jour…Plaies géantes, visages qui n'ont plus rien d'humain, femmes qui hurlent…et celle là, pleine de sang, qu'on avait retirée de sous les décombres et qui appelait « Mon gosse, Mon gosse » Toutes les mères appellent leurs gosses, partout elles pleurent les mêmes larmes…

Dehors sur la route c'est le triste cortège des réfugiés, en général de Mannheim. Camions, voitures tirées par des chevaux, mais surtout voitures à bras, gosses juchés dessus, corps penchés tirant les derniers restes. C'était ainsi sur les routes de France, il y a cinq ans…

Dimanche après midi : Neckar gemünd , coin charmant vallée idyllique, verts de l'eau se mêlant aux verts des sapins, eau tranquille, rêve et mélancolie. Seule la D.C.A. sur les bateaux de guerre camouflés rappelle…
Schützenhaus : certainement un rendez vous de chasse…

Aujourd'hui réunion de la milice, j'en veux un peu à Elyane d'avoir voulu y aller. La haine est trop grande, parviendrais-je à sortir de mon mutisme ? Dans leurs costumes soi-disant militaires, deux femmes en uniformes également, les autres ouvriers requis ou anciens prisonniers. Au mur, ces bandits ont l'audace d'accrocher notre drapeau, les trois couleurs, et sur le fier étendard ils affichent leur traître Pétain et leur insigne maudit : la croix gammée. Point d'organisation -aucune allusion politique- des chansons de chez nous, et ils les salissent en chantant -enfin, une séance qui donne une impression de vide, de creux. Je fixe le portrait d'Hitler qui les nargue, je les méprise en les voyant singer le salut à la fasciste. Ah ! Traîtres, parjures, vendus, vous paierez, on vous exterminera tous jusqu'au dernier..

Au ciné « Hochzeithotel » plaisant…

20/03/1945

La débâcle continue.
Mannheim, Ludwigshafen errent sur les routes.
Le moral pique une pointe vertigineuse vers le zéro absolu. Les gens ne se cachent plus d'écouter la radio anglaise.
Un jeune gars de la Pfalz m'avoue compter les jours jusqu'à la libération américaine. Il m'a raconté que les trois quarts de sa division étaient passés dans les rangs ennemis en Italie.

Au ciné : Nanon, épisodes à la cour de Louis XIV. La France par excellence vue avec l'esprit germanique : un désastre !

Maman disait toujours « Va, il y a une différence fondamentale entre l'alsacien et l'allemand. Le Hochdeutsch est une autre langue ». En réalité, très peu de gens parlent le « Hochdeutsch » et ils comprennent fort bien le dialecte à l'exception de quelques expressions purement locales. Partout un autre dialecte, un autre accent, les différences sont nettes surtout dans les changements de voyelles. Je n'aurais jamais cru que la jolie langue littéraire apprise au lycée par cette intéressante Mme Krebs était si peu parlée. Elle l'est dans certaines régions telle le Rheinland et partout par une certaine élite intellectuelle. L'accent le plus charmant est le Rheinland : une langue chantante à souhait et pleine de douceur et de poésie. En Saxe aussi l'accent est joli. A Nuremberg, affreux, hérissant. En Hanovre et à Hambourg, ils sont amusants avec leur façon de dire les S. « An der Steinspitze stossen die Hunden »[22]…Dans le Pfalz et la Bade, le dialecte se rapproche à s'y méprendre de l'alsacien.

Il en est de même en Souabe. En Silésie ils ont une façon de mettre l'accent tonique sur la syllabe finale et c'est fort gênant.

Les gens sont bons en Allemagne ; ils donnent volontiers. Ce soir deux français, des réfugiés politiques, avaient faim. Tout le monde donnait son pain.

Il y a si longtemps qu'on attend cette libération, je ne sais plus maintenant…Quand donc ? oh ! ces jours qui n'en finissent plus…et pourtant les copines…

---

[22] l'équivalent de « combien coûtent ces six saucissons-ci ? »

Le ciel est rouge des feux de l'incendie. Dans la nuit des camions où sont entassés des soldats filent vers l'arrière ; le bruit des pompes à eau se mêlent au bourdonnement des avions, à la lointaine canonnade. Le ravitaillement devient catastrophique, des soldats venus de tous les coins, ayant perdu la liaison, viennent chercher à manger. Il y a plusieurs jours qu'ils n'ont rien eu. Et la guerre continue malgré tout.

24/03/1945

Se peut il que la fin approche ? Je tremble d'énervement. Serons nous donc libérées ? Peut-être la semaine prochaine ? Mon visage rayonne tant que les femmes m'ont dit : « Kate, toi tu veux retourner en Alsace » Elles sentent bien que je ne suis pas des leurs et pourtant, ces femmes du peuple, je ne me sens pas leur ennemie. Je suis sûre de comprendre l'Allemagne.

Des soldats marchent isolés ; plus de bataillons, ils fuient de partout. On parle ouvertement de reddition.

Se peut-il que la libération vienne, que je travaille ouvertement à nouveau pour le Parti, pour la France, pour mon pays. Se peut-il, Maman ? Je viendrai à nouveau sur tes genoux, je te raconterai des histoires et tu diras, les larmes aux yeux, « Ma pauvre petite Janinela » et je dirai « Oh ! oui, Maman »

25/03/1945

Des soldats occupent les ponts avec la Panzerfaust (arme contre les chars). D'autres parcourent la campagne, le fusil sur l'épaule. Nous en plein Frontgebiet (le front). Les blessés capables de marcher ont l'ordre d'évacuer, on fait partir les étrangers. La radio lance des communiqués de quart d'heure en quart d'heure. Des parachutages ont lieu à vingt kilomètres d'ici. Se peut-il que la délivrance approche ?

« Maman, les plus beaux jours de ta vie ont été ceux de Novembre 1918. Vais-je donc les connaître , moi aussi !» On va revoir la France, oh ! que je vais pleurer, que je vais être heureuse...mais les copines...Oh ! la France, le drapeau tricolore...Nos journaux, nos villes, nos provinces...Mon Pays..

On vient de pendre un jeune soldat de vingt quatre ans environ qui refusait de continuer à se battre. Le corps est suspendu au dessus de la voie publique, un écriteau : « Fahnenflucht » (désertion). Des soldats pleurent, le moral est au dessous de tout.

26/03/1945

Le canon ne cesse de tonner. La maison tremble, on devient fou lentement. Pauvres soldats...mon petit Jean, mon Raymond chéri. J'ai dormi à la cave, ça canarde vraiment trop.

Il y a cependant une analogie entre toutes les débâcles.

Je me souviens de juin 1940.

Ici les mêmes routes encombrées, les civils mêlés aux militaires, et les avions alliés mitraillent les routes, comme là bas sur les routes de la Loire et les chemins de l'Ile de France. Les mêmes bobards circulent, tout est enflé, grossi, anormal, on fait avancer l'ennemi à une vitesse vertigineuse, il faut cependant remarquer que quelques jours plus tard les faits viennent consolider la légende...les gens pleurent, sont nerveux.

27/03/1945

Elyane et moi, on n'en peut plus. Les bobards circulent de plus en plus. Il est cependant certain que nous allons être libérées un de ces jours. Nous commençons à être encerclées, on murmure que la police américaine occupe la ville ce soir. C'est assez invraisemblable mais bientôt, bientôt.

28/03/1945

L'artillerie a tiré sur la ville ce matin. La physionomie de la ville a bien changé.

Il y a quelques jours la ville grouillait de militaires, de camions. Aujourd'hui la ville est morte...

Une femme, toujours aussi férue de national socialisme a chanté « Deutschland uber alles.. »

Une autre énervée lui dit : « Mais non,

Deustchland kleine Stücke, grosse Steine und kein Brot »[23]

La Française de la milice dit : « J'ai faim ». Mon premier mouvement, instinctif, a été de lui chercher du pain mais en y allant je réfléchissais que nous aussi on a eu faim à cause d'eux, que chaque jour les copines ont faim, terriblement faim. Alors je n'ai rien donné.

Maintenant, il me semble que j'aurai dû…quand même…c'était une femme et elle avait faim.

Il y douze ans que le Feld maréchal Hindenburg remettait le Reich entre les mains du chancelier Adolf Hitler, en disant : « Ich lege ihnen das Schicksal Deutschland in ihre Hand ».[24] Répétez cette phrase aux indigènes, ils vous répondent avec indignation : « Eh ! bien, c'est beau, des ruines, des décombres, des peurs, des morts. » Le fait est…

Je chantonnais aujourd'hui leur hymne national…

Une Allemande m'a froidement priée de fermer mon bec…Tu sais m'a t-elle dit, « l'Allemagne au dessus de tout, c'est fini ».

Les Américains seraient à Ludwisghafen. Des sentinelles civiles se postent sur les routes pour arrêter les étrangers. En effet des Italiens et des Français prendraient la montagne avec des armes dans l'intention évidente d'aider l'avance alliée.

---

[23] Allemagne, petits morceaux, grosses pierres et pas de pain.

[24] « Je remets le sort de l'Allemagne entre vos mains »

Se peut-il que la fin approche ? On attend depuis si longtemps… Et les copines…

29/03/1945

Les soirées de printemps sont idylliques. Il y a déjà dans les rayons du soleil couchant la splendeur du Sud, l'éclat de l'Ouest. On voudrait savourer ces minutes exquises, goûter leur douceur et leur charme, attendre la nuit claire et voir se mourir le jour dans une langueur rose et mauve. Jean , mon petit Jean, je te parlais ce soir, dans la lune du couchant, dans la lumière des premières étoiles. As-tu entendu ce que je murmurais ? Que fais tu maintenant ? Connais- tu aussi l'horrible guerre ? Connaîtrons nous un jour la douceur des soirs, saurons nous nous donner la main pour la nuit, songerons nous aux mêmes vers, y aura-t-il la même musique et la même poésie dans nos cœurs ? Cela existe-il Jean, se peut-il que nous ayons un jour un enfant à nous ? Se peut-il que le Jean-Michel, de mes rêves vive un jour ? Petit garçon enfanté dans les nuits sans fin des prisons, élevé, imaginé, aimé, dans les dures journées des camps de concentration.

Chapitre 13
Libération

La nuit de jeudi à vendredi : une vrai nuit de bataille.

Le ciel rouge de feu, des grenades incandescentes fendent l'air rapidement. C'est l'enfer de Dante, maintenant c'est l'horrible Comédie. L'orchestration des bruits est invraisemblable, une cacophonie hululante où dominent les notes aiguës ; balles de tout calibre, tac-tac des fusils mitrailleurs, boum très sec de l'artillerie.

La maison ne cesse de trembler, on la sent véritablement vaciller, on attend le moment où elle va crouler. C'est le front : les pierres de la maison tombent, les vitres s'éclaboussent dans les pièces dans un fouillis de notes plus agaçantes que cristallines mais dehors les soldats sont recouverts de feu, de sang, de fer brûlant.

Ô, mères, savez vous comment meurent vos fils ?

Savez vous la torture, la mêlée, les flammes, les cris ?

Petit frère connais tu la bataille ?

Vendredi saint -30/03/1945- phénomène curieux, on s'habitue à la bataille, aux détonations les plus fortes, le corps ne tressaille plus. On ne peut pas lutter contre la bataille. Destinée : la balle vous atteint ou ne vous atteint pas ! Il n'y a qu'à ne pas s'occuper d'elle. Quand vraiment le bruit est trop fort, vite s'allonger le nez contre le sol, les éclats on peut parfois les éviter.

Dix heures du matin : je ne tiens plus en place. Je suis folle. Ils sont là, la Libération ! C'est vrai. Cela peut être vrai…Les Allemands-la direction-résiste avec une énergie redoutable et fanatique. Les américains arrivent dans deux directions opposées. La ville est cernée. Et malgré tout, ils ont fait sauter les ponts du Neckar jusqu'au dernier. Ils sont décidés à résister sur chaque position géographique avantageuse. Ils ont fait le nettoyage des magasins, distribuant toutes les réserves à la population. Les russes détruisaient tout avant l'arrivée des Allemands, ils savent faire de même. Mais ici le peuple murmure, il sent déjà qu'il va payer cher les fautes et les crimes nazis, et partout dans la ville ils se rendent, hissent le drapeau blanc et croient « naïvement » à la libération américaine.

Ils sont là, c'est vrai, je suis libre… C'est magnifique, c'est fou, c'était si long, tant attendu…cela était possible, on va revoir la France, Maman…cela va donc exister à nouveau de vivre, d'être soi même. Janine….Finie l'Allemagne, finie la crainte, le qui-vive, la terreur…

Ils sont là, je les ai vus, tout près. Ils étaient quatre, quatre en tenues de campagne, entre le gris et le kaki. Ils sont entrés dans la cour l'un derrière l'autre. Tous les russes étaient sortis de la baraque, ils n'osaient pas encore leur sourire.

Moi, non plus. Les femmes allemandes abruties par douze ans de national-socialisme, abêties par la presse officielle « vous voyez bien, ils ne font rien » comme si les soldats avaient le temps de s'occuper de quelques femelles en rentrant dans une ville... Une des femmes, antinazie depuis toujours il est vrai, applaudit ! Je la regarde, je ne comprends pas...applaudir à l'invasion de son pays ...J'étais folle toute la journée, impossible de travailler mes mains tremblaient, le soir je suis montée dans ma chambre.

Chapitre 14
Le retour

Après un moment d'euphorie totale et de joie folle, il fallut bien se rendre à l'évidence : nous n'avions plus l'allure squelettique, les cheveux ras, les yeux exorbités des filles de Ravensbrück. Nous avions des papiers d'identité allemands, nous venions de travailler dans une entreprise allemande. Comment faire comprendre à des soldats américains -ni l'une ni l'autre ne parlait anglais-que nous étions Françaises et que nous voulions être rapatriées ?

Erna et moi avions convenu d'un lieu de rendez vous pour circonstances extraordinaires. Nous nous sommes donc facilement retrouvées pour nous rendre dans les bureaux du commandement américain. Les panneaux « American Headquarter » nous ont facilité l'accès et Heidelberg est une ville de moyenne importance.

Reçues par un américain au discours duquel nous n'avons rien compris, on a quand même obtenu d'être mises en contact avec un officier français détaché auprès de l'armée américaine. D'abord suspicieux il nous a interrogé longuement et séparément. Je me souviens d'une question avec précision car elle m'a un peu éberluée : « Quelle est la distance kilométrique entre Aix les bains et Genève ? »

C'était le 11 Avril 1945. Il a non seulement promis de s'occuper de notre rapatriement mais encore a signé une attestation de sincérité de mes déclarations et a écrit à mes parents ce même jour. J'étais au ciel.

Dernier épisode : il nous fait entrer dans une pièce assez obscure. Au milieu de la pièce se trouvait, ligoté sur un tabouret, les mains menottées un homme jeune, affreusement pâle. L'officier français nous informe que c'est un collaborateur et nous dit : « Vous pouvez vous venger, le frapper, lui cracher dessus ». Etait-ce un piège pour voir notre réaction ou le triste retour des horreurs ? J'étais sidérée : je n'ai pas fait un geste, pas proféré une parole. Erna non plus. Puis nous sommes sorties.

De bureau en bureau, de tampons en tampons, dans une fébrilité extraordinaire, nous avons pu enfin grimper dans des camions militaires américains. Il y avait deux banquettes en bois qui se faisaient face : je me suis rendue compte alors que la presque totalité des soldats américains juchés sur le même camion étaient noirs. Je n'en avais jamais vus et j'avais un peu peur. Durant le voyage, peu de conversation -et pour cause, nous ne parlions pas la même langue- mais des sourires. Ils nous offraient du chocolat et des chewing-gum ; on ne savait pas ce que c'était.

On a franchi la frontière sans trop s'en apercevoir mais quand enfin les inscriptions en Français furent visibles, les larmes sont montées. Nous étions de retour, le cauchemar prenait fin.

A Saint-Avold, en Lorraine, dans un centre de rapatriement dépendant du ministère des prisonniers de guerre, on nous a délivré une fiche de rapatriement, le 14 Avril 1945. Le camion a continué sa route jusqu'à Vitry-le-François.

Là on nous a débarqué dans un camp militaire. Un officier français s'est chargé de nous et les larmes aux yeux a sorti de sa poche la photo d'une femme ravissante, bien coiffée, maquillée, élégante, distinguée. C'est mon épouse, dit-il. Elle a été arrêtée en 1944, déportée en Allemagne. La reconnaissez-vous ? Comment pouvions-nous reconnaître une aussi jolie femme quand nous n'avions que le souvenir de corps flottants dans les robes rayées et de visages rongés par la faim et l'angoisse. Nous n'avons même pas osé lui dire la vérité.

On a reçu toutes les deux un bon de transport gratuit de Revigny à Paris en train. L'adresse donnée était celle d'une tante d'Erna, 1 rue des Pyramides. J'ai pu envoyé un télégramme à mes parents en Arles.
Le 16 avril 1945, il a fallu se plier aux formalités administratives et médicales du centre d'accueil de la rue d'Artois à Paris. Les gens étaient très gentils avec nous, nous ont donné des vêtements - certes en tissu de guerre- et une prime de rapatriement. Mais j'attendais mes parents

prévenus de mon retour et qui devaient venir me chercher à Paris.

Le jour prévu pour leur arrivée, le 17 avril 1945 - je crois- j'étais incapable de rester dans l'appartement de la tante d'Erna. Je suis descendue dans la rue, je suis restée sur le pas de la porte d'entrée et j'ai attendu. Enfin au bout de la rue, je les ai vus arriver : gros, rebondis, bien habillés, chapeautés tous les deux. J'ai couru vers eux en hurlant « Maman ». Les rares passants s'arrêtaient, regardaient. Mais je n'en avais cure. Je me suis précipitée dans les bras de ma mère et nous avons mêlé nos larmes et nos rires.

Erna est repartie vers son village natal : Kesrastel, en Alsace à la limite de la Lorraine et de la Sarre.

Mes parents m'ont ramenée en Arles : une autre tranche de vie allait commencer.

Lettre de Janine à sa mère (14 Avril 1945)

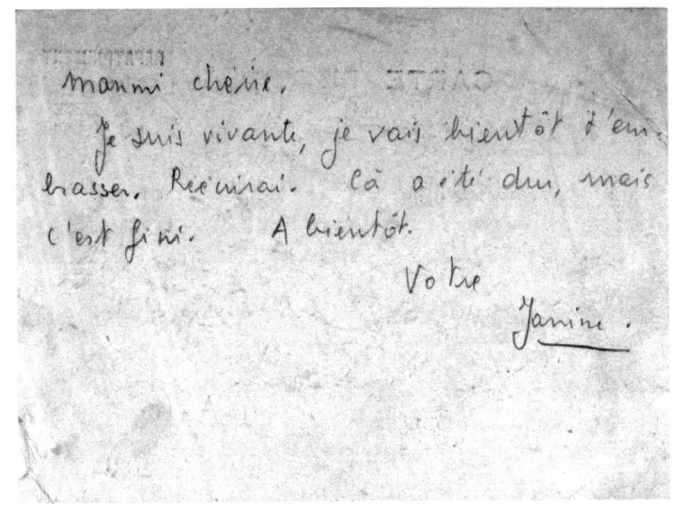

Extraits du registre du commando de Zwodau,
(Mémorial du Camp de Concentration de Flossenbourg.)

7	"	Ferrazine	Germaine Gabrielle	Genf 23·4·06		1·9·44 Zwodau
8	Franz.	Gaud/fernand		Paris 5.5.14	v. Rav. 1.9.44	Gefl. Zwodau 11.11.44
9	"	Janvier	Odette	Paris 3·2·08	"	1·9·44 Zwodau

5	"	Krug-Basse	A.M.	St. Denis 24·5·23		1·9·44 Zwodau
6	x Franz.pol	Langenfeld	Erna	Keskastl. 3.8.20	v. Rav. 1.9.44	Gefl. Zwodau 11.11.44
7	"	Lebon	Marthe	Paris 28·10·23	"	1·9·44 Zwodau
8	"	Marchand	Germaine	Reims 6·4·22	"	1·9·44 Zwodau
9	"	Rollin	Micheline	Gualdeloupe 6·10·08	"	1·9·44 Zwodau
51550	"	Badie	Françoise	Paris 1·12·16		1·9·44 Zwodau
1	x Franz.pol	Bollack	Jeaninne	Kühnhausen 9.7.22	v. Rav. 1.9.44	Gefl. Zwodau 11.11.44
2	"	Bon	Josette	Meyzieu 17·7·21	"	21·8·45 Grasleitz

Gefl : « geflohen » signifie enfuie, évadée
Franz.Pol. pour : Française ; politique

135